盛世新管理书架
SS New Management Bookshelf

翁晋阳
阚洪岩
管　鹏

说“不要去模仿和复制，用心做自己的品牌才是王道”

未来很美好，现实很残酷
站在微电商的风口仰望移动互联网

再战微电商

微时代人人都能玩的掘金新模式

翁晋阳　阚洪岩　管鹏◎著

人民邮电出版社
北京

图书在版编目（CIP）数据

再战微电商：微时代人人都能玩的掘金新模式 / 翁晋阳，阚洪岩，管鹏著. -- 北京：人民邮电出版社，2015.5
ISBN 978-7-115-38747-9

Ⅰ. ①再… Ⅱ. ①翁… ②阚… ③管… Ⅲ. ①网络营销 Ⅳ. ①F713.36

中国版本图书馆CIP数据核字(2015)第047894号

内容提要

本书从多个角度展示微电商，揭开微电商的神秘面纱：微电商经历了几个发展阶段？人人皆可参与的微电商之路是如何铺就的？创业者应该如何依靠粉丝和玩法提高核心竞争力，玩转微电商？怎样拨开微电商已经出现的乱象？如何走出对微电商的认识误区？企业怎么做才能避免"传销化"？引爆微营销的必杀技有哪些？传统电商如何像经营产品一样经营社群，决战粉丝经济？面对垂直电商的高同质化，电商企业应该如何创新商业模式？等等。

本书适合各类企业营销经理、网络推广经理、企业营销总监、网站运营总监、各类电商运营经理、从事传统企业，近期想开展电商业务的大中小企业CEO及高管，对移动互联网感兴趣的读者，小型创业者阅读和学习。

◆ 著　　　　翁晋阳　阚洪岩　管　鹏
责任编辑　赵　娟
责任印制　彭志环

◆ 人民邮电出版社出版发行　　北京市丰台区成寿寺路 11 号
邮编　100164　　电子邮件　315@ptpress.com.cn
网址　http://www.ptpress.com.cn
大厂聚鑫印刷有限责任公司印刷

◆ 开本：700×1000　1/16
印张：15　　　　　　2015 年 5 月第 1 版
字数：188 千字　　　2015 年 5 月河北第 1 次印刷

定价：42.00 元

读者服务热线：(010)81055488　印装质量热线：(010)81055316
反盗版热线：(010)81055315
广告经营许可证：京崇工商广字第 0021 号

再战微电商

前　言

移动互联网给我们的生活带来了怎样的变化呢？

10年前，在公交和地铁车厢里，乘客手里捧着眼睛看着的是报纸，今天，同样的公交和地铁车厢里，几乎每位乘客都专心致志地看着自己的手机；10年前，过春节我们喜欢坐在电视机前看春晚，今天，我们用手机在社交网络上吐槽春晚、抢新年红包；10年前，我们出门旅游需要随身带一份地图，今天，我们随时打开手机，不仅能清晰地找到到达目标地点的路线，还能用打车软件快速打车……

可以说，手机不仅是我们日常生活必不可少的工具，甚至成为了我们身体衍生出来的一部分。我们用手机聊天、用手机看视频、用手机浏览资讯、用手机购物……毫不夸张地说，“忘带手机”已经成为现代人的一大酷刑。

互联网的进化，不仅改变了我们的日常生活，也提供了很多机遇。我们常说：人们的注意力在哪里，生意就在哪里，财富也就在哪里。随着消费者逐渐从PC端向移动端迁移，手机上隐藏的商业机会也逐渐显现了出来，一种全新的商业模式——微电商正在被越来越多的人所青睐。

在传统零售时代，个体如果想创业需要投入大量的资金、时间和精力，即便如此，稍有不慎仍会满盘皆输。互联网时代到来之后，淘宝、天猫、京东等一系列电商平台的兴起，给广大中小企业和个人提供了相对便利的经商平台，也确实使得一部分人先富了起来。但这种平台电子商务并非没有弊端，例如，由于马太效应，电商巨头几家独大，当它们之间进行竞争时，中小商家的利益不可避免地会受到波及；而且，由于运营推广方式存在的问题，资金实力雄厚的商家更有机会获得消费者，而中小商家则容易成为炮灰。

移动互联的微平台带来了微电商，这对已经错过电子商务最佳时机的传统企业来说确实是一个迎头赶上的良机，而对缺乏条件运营传统零售和电商的中小商家和个人来说，微电商又提供了一个很好的平台，由于门槛低，很多小企业、大学生、公司白领、家庭主妇都参与到了微电商创业的大军当中。

不过门槛低并不意味着完全不需要运营的策略和技巧，微电商的创业者应该如何面对这次伟大的变革所带来的机会与挑战，绝对是值得深思的问题。

过去，企业如果想打造一个品牌，最常用的办法就是大量投放广告。以某知名饮料品牌为例，每年的广告费用多达几十亿。不过，在移动互联时代，手机已经成为了人们接触最多的媒介，花费数十亿在电视等传统媒介上漫天打广告的效果，有可能未必比花1个亿来组建产品的圈子，让消费者参与到产品的设计当中来的效果好。有可能，很多有微电商运营经验的读者已经对这一点深有体会，但对于如何建立自己品牌的圈子还有一些困惑。

任何事情要做好就需要合适的方法，建立自己的圈子并不意味着加的粉丝越多越好。有些企业因为走入了这样的误区，用各种软件加一堆粉丝，整体推送广告，结果不仅原本忠诚的粉丝也丢失了，而且还被平台封号。我认为，对微电商的创业者而言，最重要的不是粉丝的数量，而是粉丝的质量，那些对你的产品有兴趣和意向的粉丝对你来说才是有价值的。

在本书中，我将带领大家从多个角度了解微电商，揭开微电商的神秘面纱。

比如：微电商经历了几个发展阶段，人人皆可参与的微电商之路是如何铺就的；创业者应该如何依靠粉丝和玩法提高核心竞争力，玩转微电商？怎样纠正微电商已经出现的乱象，如何走出对微电商的认识误区？企业怎么做才能避免“传销化”，引爆微营销的必杀技有哪些？传统电商如何像经营产品一样经营社群，决战粉丝经济？面对垂直电商的高同质化，电商企业应该如何创新商业模式？等等。

同时，为了让创业者更容易理解和把握微电商，本书的每一章都精选了具有代表性的案例进行呈现，比如：通过布局“食谱＋社群＋电子商务”，打造了“新厨房经济”的豆果美食；以茶为载体，通过传统互联网、移动互联网等工具践行了一条品牌之路的乡土乡亲；以及目前影响力最大、主要服务于“80后”“90后”，有“爱智求真”强烈需求群体的互联网社群罗辑思维等。

如果你是一位企业的管理者，或许本书中一些对电商趋势的分析，能够让你更好地确定企业运营的布局；如果你作为一个创业者，已经在微电商的道路上摸索了一段时间，或许本书能够解答你的困惑、帮助你走出误区；如果你已经听过了无数微电商的创富神话，心中跃跃欲试但却不知如何下手，或许本书中对前人经验的介绍和分析能够让你创业之时更胸有成竹、更有的放矢……

创业之路漫漫，希望本书能够一直与你相伴！

再战微电商

目录

Part 1 微电商：一个web3.0时代的创富神话 1

移动互联网 + 社区化时代：人人皆可参与的微电商之路 /2

以创新模式发展“小而美”经济，创业者如何玩转微电商？ /8

把握移动电商发展趋势，依靠粉丝和玩法提高核心竞争力 /14

粉丝转化成潜在客户不是禁忌，品牌微电商的未来在哪里？ /20

在分享和移动化大趋势下，如何走出对微电商的认识误区？ /26

【商业案例】速途商城：微媒体联盟试水微电商，探索电商新模式营销之道 /31

Part 2 微营销：一种高性价比的营销方式 37

大互联时代的微营销：产品 + 口碑 + 品牌 + 营销 + 消费者体验 /38

“微经济”模式开启，如何规范“朋友圈”念好“生意经” /44

社会化分销将成微电商主流，“分享 + 推荐”打造产品口碑 /49

微电商市场冰火两重天，创业者怎么做才能避免“传销化”？ /53

从“暴利”走向“微利”，企业如何构筑完美的微营销？ /57

【商业案例】节日促销：把握营销的重要节点，让消费者“跟着感觉走” /65

Part 3 社群电商：让社群赋予电商生命力 71

以人群特征作为切入点，把商品卖给“贴着标签”的人 /72

社群电商已然含苞待放，商家不能再简单复制 PC 模式 /75

精神消费时代到来，社群电商“人货合一”才是真爱 /80

决战粉丝经济：传统电商如何像经营产品一样经营社群？ /85

社群红利引人注目，10 个问题了解未来商业的核心驱动力 /90

【商业案例】豆果美食：布局“食谱 + 社群 + 电子商务”，打造“新厨房经济” /95

Part 4 繁荣或消亡：微电商的道路将走向何方 103

把握风向 + 维护生态，为微电商寻找可持续发展的盈利模式 /104

电商领域鏖战再起，创业者享受社交红利需解决哪些问题？ /109

微电商繁荣背后暗藏危机，商家应及早提供个性化服务 /115

移动电商大爆发，微电商逆袭电子商务还需几步棋？ /120

【商业案例】拍拍微店：再与淘宝争锋，如何捏准微电商市场的“七寸之穴”？ /124

Part 5 新战场：跑马圈地加快，传统电商与微电商的竞与合 129

思考、崛起和改变：微电商能否破解传统电商魔咒？ /130

一种颠覆传统电商的商业模式：社交 + 电商 + 社交 /134

京东欲借拍拍微店叫板阿里，微电商行业或面临洗牌 /137

腾讯借微信亮剑，电商“三国群雄传”终上演 /140

【商业案例】垂直电商同质化高，电商企业的商业模式如何创新？ /144

Part 6 新商机：微电商强势崛起，传统企业如何再次腾飞 151

微电商来袭，传统企业如何发现痛点、对症下药？ /152

微电商并不神秘，探索传统产业试水微电商之路 /156

以微知著：食品类企业如何进行线上营销？ /160

社区化时代：媒体也能释放营销潜力、最大获利 /164

【商业案例】乡土乡亲：以茶为载体，一个窄类品牌如何玩转社群和电商 /169

Part 7 第三方服务商：推动电商革命的“摆渡人” 175

电商布局移动互联网，第三方服务商借微电商圈地 /176

C2C 微电商成最大肥肉，第三方与京东混战抢食 /181

微电商能否颠覆淘宝，微盟之于微电商意义几何 /187

口袋通“零售走向经营人”VS 喵喵微店“人人电商” /191

【商业案例】口袋通：零售业走向经营人的时代，如何保持跟消费者的连接？ /195

Part 8 微信电商：8 亿消费者打造的商业帝国 201

微信电商能否再现“马太效应”？商家该如何谋篇布局？ /202

微信“连接一切”的最后拼图：订阅号 + 服务号 + 企业号 /209

“半成品”到“成品”：列举微信电商的 4 种独特活法 /214

他山之石，可以攻玉：一个微信创业者总结的微信营销指南 /217

【商业案例】罗辑思维：一场卖月饼的游戏，一次自我进化的互联网商业实验 /224

再战
微电商

Part 1

微电商：
一个 web3.0 时代的创富神话

移动互联网+社区化时代：人人皆可参与的微电商之路

微电商已经成为近两年的热门词汇，随着移动社交平台的兴起和支付功能的开通，越来越多的人开始加入微电商行列，有关微电商的话题也越来越频繁地出现在人们的讨论之中。

什么是微电商？不少人会简单从字面上理解为在微信上卖东西，这样的理解难免过于狭隘。简单地说，微电商是在移动社交平台上进行商务活动的个体行为，微信只是微电商众多媒介载体中的一个。

目前，微电商已遍布国内的每一个角落，他们每年创造的经济价值高达几百亿，并创造了数以万计的就业岗位。微电商依靠其便利、灵活、机动的服务体系，为消费者带来了更便捷的购物体验，迅速发展的微电商对传统销售渠道也造成了明显的冲击。

1．何为 web3.0 时代

从新浪、搜狐打头的 web1.0 资讯时代，到猫扑、天涯、人人为代表的

web2.0 社交时代，再到微博、微信领导的 web3.0 碎片化沟通互动时代，短短十几年间，互联网已经经历了三次变革，如图 1-1 所示，信息传播方式也从“别人说，我们听”，进化到“一部分人说，我们听”，最后变成了“我们说，我们听，人人参与，乐此不疲”。

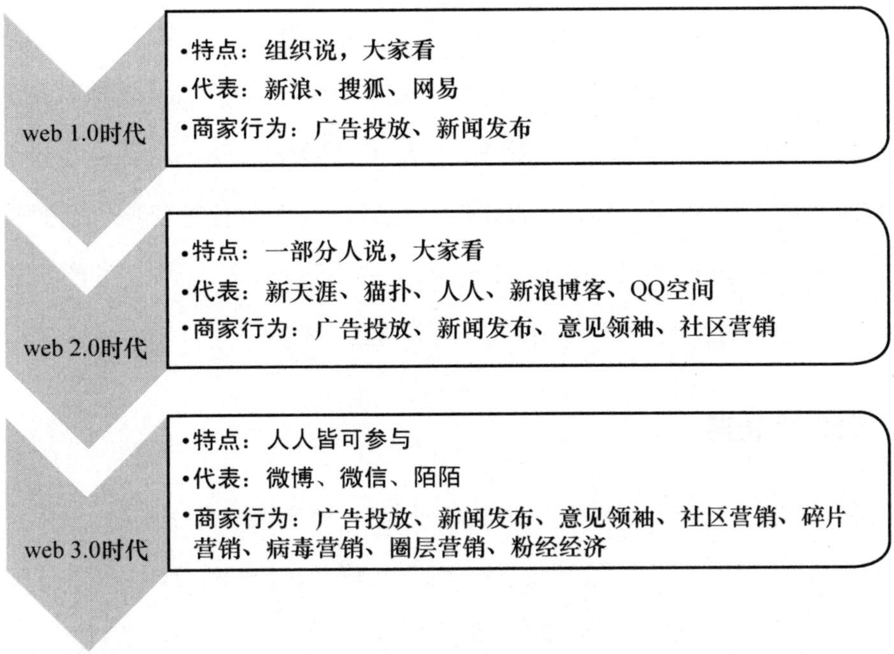

图 1-1　21 世纪的互联网革命

每一次互联网形式的进化，都给企业的发展带来了新的机遇与便利，而品牌商家也会随之进行营销策略的改变。早期流行的粗犷式广告投放方式逐渐消失，越来越多的商家开始利用互联网技术进行更高效的精准营销。

web3.0 时代实现了目标客户的精准定位、市场调查与舆论监督的成本缩减、人人皆可参与的互动病毒式传播，以及以曲线形式不断攀升的高效投资回报，为商家提供了细分市场的可能和快捷高效的营销途径。在这样的时代，一些原本看起来不可思议的事情也可以变为现实。比如一个好的营销创意，甚至能以接近于零的成本获得几千万的成效，这种以粉丝经济为代表的高性价比营销方式就叫“微营销”。

微营销最初只是作为品牌的传播、推广与粉丝沉淀的手段，进入 web3.0 时代之后，微营销很快发挥出了更广泛的功能，在进行品牌传播的同时，还实现了商品销售生态的闭环。于是，微电商开始了疯狂的扩张，人人皆可参与的微电商时代就此开启。

在 web3.0 时代，微博、微信等互动社交平台纷纷兴起，每个人都可以发布信息，根据自己的兴趣建立社交圈子，实现了实时的互动沟通、灵活高效的碎片化时间整理，以及随时随地可完成的移动支付、远程操控等智能化应用服务，在满足消费者日趋个性化的需求同时，还为那些既没有资金优势、也不具备大段时间的上班族提供了一个可以增加收入的通道。

2. 野蛮生长期

微信的推出，成为移动端主流的社交平台，庞大的消费者群体以及微信朋友圈、公众号等产品引发了商人们聚众营销的联想，他们就开始尝试在这个平台上进行一些商业活动，于是微电商就此产生。

当时淘宝、天猫、京东等传统电商在移动端的业务拓展还处于起步阶段，人们怀着对移动电商的兴奋和好奇开始尝试在微信朋友圈做买卖，这种在社交关系基础上成长起来的商业形式随着朋友圈的扩张而飞速增长，通过微信私聊等方式，微电商也建立起了初步的客户关系管理。

随着微电商的顺利发展，越来越多的职业商家开始进驻微信平台，然而个人的朋友圈总是有限，他们开始不断发展下线，将更多的人和圈子卷入微电商的浪潮；尤其是微信 5.0 上线之后，微电商更是以裂变式的速度疯狂地增长，微电商开始慢慢变了味道。

很多微电商确实是在朋友圈里卖土特产之类的保证质量的产品，但是在类似于传销的模式占领微信之后，经营好产品的商家反而被迅速淹没了。一时间这个朋友圈构建的熟人社交平台成为网上直销的天下，朋友圈里开始充斥着大量的广告，早进入的一批职业商家靠着大量的下线赚得盆满钵满。

这种野蛮的裂变式生长并没有一个良好的规范来与之配套，大量的微电商整天在朋友圈中散发小广告，给微信消费者造成了严重的骚扰，微电商环境变得恶劣不堪。很多朋友选择将这些“广告小分队”屏蔽，不会屏蔽操作的则忍无可忍下将之删除；久而久之，这些微电商的朋友圈越来越小，这种营销带来的效果越来越差。因而，这种以骚扰朋友为代价的野蛮生长注定不能持久，很快就出现了新的变化。

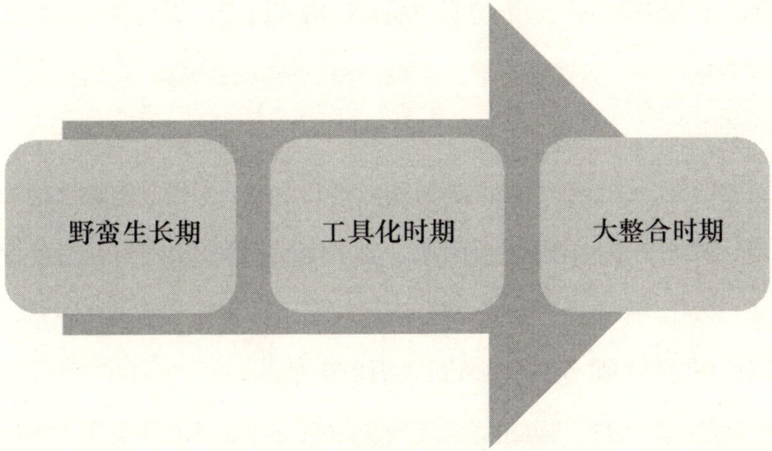

图 1-2　微电商经历的发展阶段

3．工具化时期

依靠个人在朋友圈散发广告的野蛮生长很快走到了尽头，穷则思变，一些有头脑的微电商放弃了这种人肉传销，开始尝试新的玩法。

2014年1月，电商导购App口袋购物推出“微店”；5月，微信公众平台推出“微信小店”；10月，京东拍拍微店开始大规模招商。与此同时，京东微店、淘宝微店也大举进入，诸如商派有量微店、易米微店、金元宝微店、喵喵微店、微盟等各类微店更是纷纷涌现。

微电商们开始将自己的店铺转移到这些专业的工具化平台，然后将售卖的商品分享到公众账号或者朋友圈。通过这些平台的使用，微电商们实现了店铺的可管理、可组织化、可规模化，逐渐走向了创业道路。微店如同雨后春笋般兴起，微电商的第三方平台一片欣欣向荣之势，仿佛一夜之间，曾经淘宝初期的创业故事开始重新涌现。

在众多的微店产品中，微信官方推出的微信小店反而并不突出，它的功能非常简单，看起来更像是一个雏形产品，还需要进行升级构建。这款产品拥有一个电商数据接口，这就意味着一旦微信商业链完成闭环，微信小店就会成为移动电商的中心。

在这个时期，公众对于微电商的狂热已经退烧，开始以更加理性的态度来审视微店，微电商步入常规发展时期。由于接入了微信支付以及各种便利的第三方工具，人工传销退下舞台，微电商开始走向垂直化和精准化运营，这就要求微电商们在商品和服务细节方面投入更多精力。

微电商走入正常的行业轨道，与传统商业模式类似，职业微电商开始大量出现，针对微电商的各类培训、讲座、沙龙等周边行业也频频活动，微电商开始形成完整的产业链，微电商在运营、营销、技术、设计等环节开始走向职业化和专业化方向。

4. 大整合时期

走过工具化时期，微电商行业正在进行产业化之前的行业整合，整合的范围主要包括跨设备终端、跨 App 平台、跨支付场景的商品管理、营销模式、支付多样化等方面。随着微信支付、支付宝、NFC、苹果支付等移动支付手段的相继接入，微电商的支付场景随之丰富起来，几乎囊括人们日常生活的方方面面，这也使得微电商的业务延伸到了线下实体经济，O2O 商业模式也成为微电商的常态构成。

由于之前的野蛮扩张，微电商曾引起了公众某种程度的排斥，而且大量的微电商中鱼龙混杂，各种微店平台也良莠不齐，所以选择微电商这种形式来创业之前，需要选择环境好的微店平台，选择有资质的技术服务商，还要面对营销模式的整合、客户关系管理等综合挑战。在这个时期，早期那种以个人形态进行经营的微电商已经不适合在这样的环境下发展，当然，如果个人运营的微电商能够长久地保持营销品质和客户黏度，那么，这样的个人店铺也可以按照淘宝小店的模式继续存在。

多样化的微电商销售平台意味着各平台难以形成统一有效的商家信用评估机制，而且众多购物平台的安全问题也面临着巨大挑战，这些都是微电商发展路上最大的绊脚石。同时，舆论导向也会影响消费者的购物习惯，从一开始因为新奇而选择在微店购物，到习惯于倾向朋友圈推荐，再到自我决策，消费者在微电商的购物选择也越来越类似在传统电商的购物行为，再加上微电商行业自发的整合，必然导致微电商生态发生变化。

消费者在微电商平台进行购物时，往往通过微信聊天进行交易，这样交易固然简单方便，但是也面临很大的安全风险。如果选择新加入的商家，一旦交易后出现问题，消费者维权将会非常艰难，因为在这种模式下，执法机构和微信官方都很难介入。而且，当一个人的私单交易过多，会很容易被系统监测到，从而对微信朋友关系链产生破坏，除非是好友间的交易，这种交易系统无法干涉。

以创新模式发展“小而美”经济，创业者如何玩转微电商?

近两年来，微店铺、微秒杀、微返利、微限购、微团购、微卖场等丰富多彩的微电商生态纷纷出现，尤其在微信支付、微博钱包等支付方式开通以后，微电商生态成功闭环，围绕微电商出现的微经济时代破空而来。

1. 微电商扑面而来

基于微博或者微信等微平台的电子商务行为，或者基于交互、分享、评论、口碑等个体传播过程中产生的个人电子商务行为，都属于微电商的概念范畴。与追求大规模运营的传统电商相比，微电商更倾向于通过为消费者提供专业化、个性化的服务占领细分市场，以创新模式发展“小而美”经济，因而微电商又被称为“每个人的电子商务”。顾名思义，微电商是每个人都可以进行的经济形式，它开启了电子商务的全民时代，为众多小微企业和个人提供了电子商务的创业机会。凭借更加多元化、人性化的购物模式和服务，微电商为消费者创造了前所未有的极致的线上购物体验。

随着微博、微信等社交媒体的兴起和移动互联与智能终端的普及，社会步入了移动社交时代。以“80后”、“90后”为主体的消费群体表现出更具个性化的消费需求，随之兴起的电商模式也在不断进化，从B2B到C2C、B2C到大平台和C2B，到如今的媒体化电商以及个人电子商务，一个全盛的微电商时代缓缓拉开了序幕。

2. 诸侯混战微电商

微电商的蓬勃发展也吸引了许多传统电商的注意。他们在微博、微信等新兴的电商平台开疆辟土，社交媒体不再是单纯的社交平台，还承担起了商家的品牌展示、销售与支付等多项功能。

2011 年年底，腾讯微博推出了新的电商平台“微卖场”，如图 1-3 所示，在国内市场首次实现了社交平台与电子商务的结合。上线当天，正品鞋购物网站好乐买第一个尝鲜，在微卖场推出了转播降价的“倒贴式营销”，仅半天内，作为活动商品的某款鞋子就得到了 1239 次转播，500 件商品在 5 小时内售罄。

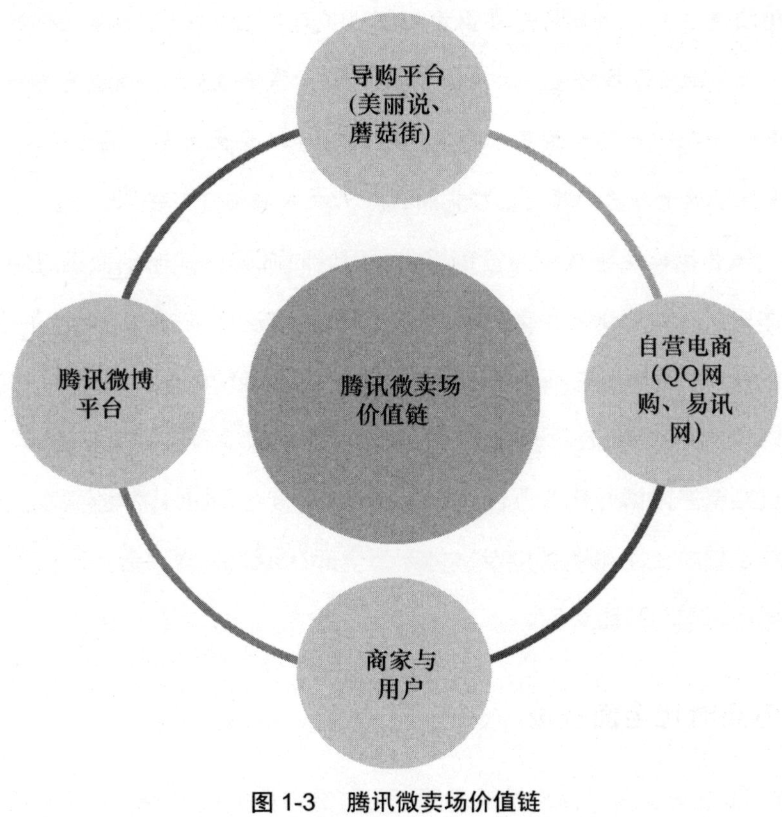

图 1-3 腾讯微卖场价值链

由于微卖场能够为商家带来可观的流量，短时间内吸引了大量商家加盟。2012年年初，阿尔卡特、麦包包、韩都衣舍、匹克、斯波蒂卡、神州数码、杜蕾斯等500家知名品牌集体入驻微卖场平台，微卖场可以提供的商品选择不断丰富，微电商的营销活动也日趋丰富多彩。

2011年8月，传统电商京东商城与新浪微博平台合作，开启新浪微博“微购物”模式。京东在微博窗口设置抢购通道，产品覆盖从3C到日用百货等百余种品类，只要点击微博页面的“抢购”按钮，商品就会自动放入京东的购物车内；这一新型合作模式取得了不错的成果，京东通过微博平台售出的产品价格总额已达5亿。

2012年3月，奇瑞汽车在微卖场推出了奇瑞E5“转”回家的创新营销活动。活动微博每被转发一次，E5汽车就自动降价0.5元，直到有人出资购买为止；如果一直无人购买，这台汽车最后可以降至1元。通过这次活动，奇瑞赢得了近十万次的曝光，微博粉丝几天之内狂涨3万多人。

以上虽然也启用了微电商营销模式，但当时微博只能起到聚集流量、浏览下单的作用，具体的交易和支付环节还是在支付宝这样的第三方支付平台完成，导致消费者的购物体验并不满意，大大限制了微电商的发展。

2012年12月，新浪开通了微博钱包，实现了微博营销的商业闭环。21日，小米手机在新浪微博开售5万台小米手机，并于5分14秒内华丽卖空。这场活动从预约、抢购到下单购买以及支付环节全部在新浪微博平台上进行，被誉为微博社会化网购的开场秀。

3. 微电商时代全面提速

早在2012年4月，新浪微博就开始了打造广告投放平台、会员体系、数据挖掘系统等动作，年底又尝试了电商业务，2013 年 6 月再次推出“微美食”活动，试水 O2O。微博钱包推出后，微电商时代开始了全面提速。

2012 年 12 月 15 日，在自有支付软件“新付通”的基础上，新浪上线了国内第一款社交钱包“微博钱包”，为消费者提供轻松、快乐和安心的移动支付体验。与支付宝钱包类似，微博钱包具有快捷支付、刷卡支付、话费充值、水电费缴纳、信用卡还款等多种支付功能。除此之外，基于微博的先天社交属性，微博钱包还实现了微博生态圈的 O2O 商业闭环。与其他第三方支付应用相比，微博钱包不用单独注册，只要有微博账号就会自动获得钱包，极为方便。

支付功能开通后，所有的交易环节都可以在微博平台完成，新浪微博商业生态成功闭环。消费者在微美食下单，通过微博钱包付款，然后凭手机验证码到线下商铺消费，整个交易都在新浪体系内完成，新浪微博 O2O 商业模式的闭环更为明显。此举进一步实现了微博的商业价值，带来了大量的客户；微博相关的广告位价值也不断攀高，微经济全面启动。

微博、微信等社会化网购服务不仅仅是微电商的一种模式，还可能带动开心网、人人网、豆瓣等其他社交平台一起，联合各大电商，用创新型的商业模式颠覆传统互联网市场。

在大电商与社交平台牵手的同时，不少个人网站也开始了小而美的微电商之路，通过为消费者提供更为专业化、个性化的服务，也取得了不错的成绩。比如在微博上卖花的野兽派花店，通过其特别的创意、精美的图片和生动的故事吸引眼球，通过个性化、高品质的非标准产品满足高端消费者需求，目前，这家小而美的花店经营得有声有色，微博主页每日活跃着近万名粉丝，产品销量也一直居高不下。

对于众多小微企业和个人商家来说，在微博、微信平台做生意，不但门槛低，而且由于微电商正处于行业初期，竞争远远不如淘宝、京东等大电商平台激烈，更容易寻找发展机会。以淘宝为例，近年来大、小商家之间的贫富差距越来越大，大商家越来越强，小商家生存愈发艰难，很多小商家生意难以为继，最终无奈退出。

4．如何玩转微电商？

在微博、微信等社交移动平台，微电商已崭露头角，与其他形式的电商一起分割移动市场，市场潜力巨大。如何才能把握住新的市场机遇，成功玩转微电商，对那些有志于微电商行业的创业者来说无疑是个非常重要的问题。

2012 年苏菲刚刚去美国留学的时候，就有很多亲戚、朋友，甚至是朋友的朋友请她帮忙从国外买化妆品、奢侈品等，由于当时的国际物流很不方便，帮朋友代购这件事一直让苏菲很头疼。

2014 年，在国外留学的苏菲突然发现国内兴起了一股“微电商”的浪潮，于是苏菲也受到启发成为了一名职业奢侈品代购买手。她在微博上展示样品，吸引消费者，通过私信与有代沟意向的消费者进行更深入的沟通，确定商品和款式，然后消费者通过微博钱包付款，随后苏菲去商店购买消费者需要的各种奢侈商品，通过国际物流将其送到消费者手中，消费者收到货物之后可能会在自己的微博主页将之分享。凭借良好的信誉，截至 2014 年底苏菲的微博主页已经吸引了超过 18 万的粉丝，生意非常火爆。

苏菲所有的业务都在微博平台完成，没有在淘宝等其他电商平台开设店铺。对苏菲来说，在其他平台进行交易，资金经常压在第三方支付账户里面，难以维持充足的资金流动；而且各电商之间的价格战也不利于自己的生意，与之相比，微博平台显然更适合自己。

在微博平台，像苏菲这样的小商家还有很多，他们利用微博营销引入流量，专注小而美的微电商之路。同时，微平台上还活跃着大量的淘宝商家，他们将微博平台链接到淘宝的店铺，通过大量的广告转发和粉丝密集评论的方式进行微博营销，消费者点击之后直接被转到淘宝页面，之后的交易环节都在淘宝完成，微博只起到汇集流量的作用。

营销是微电商发展的基石，决定了微电商能够做好。具体的微博营销主要包括 5 部分内容：

（1）微博主页的名字、定位以及装修一定要用心做，最起码不要引起消费者的反感，而且名字和整体风格最好和店铺一致，这样更容易让消费者接受；

（2）微博营销的主要目的就是吸引粉丝，因而商家要保证每天的广播频率，不断增加广播听众数量，快速积累粉丝；

（3）商家要保证微博页面的内容质量，做到人无我有，人有我优，可以采取借鉴国外优质网站的信息、站外推广自己的博客等方法；

（4）可以做一些促销或者抽奖活动，发布特价或打折信息，发起限时打折或秒杀活动，以让利或者奖品来吸引更多的听众，积累人气；

（5）可以在微博页面做一些别出心裁的推广语，迅速吸引大量消费者的关注和转发，能做到病毒式的传播就更好了。

以上方法都是针对小商家的建议，对于大商家而言，微博营销可以外包给专业的营销团队，或者直接与平台运营商合作，进行精准的投放，购买专业的服务来实现销售的增长。

5．短板需要补齐

尽管微电商显示出了巨大的潜力，但是不可避免的，这种形式也有自己的缺陷。经历了一轮疯狂的增长之后，微电商的短板也渐渐显露出来。例如，目前的社交化体系难以实现电商模式的全面落地，物流、退换货以及评价体系需要从零做起。只有解决了存在的问题，微电商才能真正走向成熟。

另外，不同平台都拥有大量的注册消费者，而且他们的需求广泛驳杂，要将这些大规模的商家资源、消费者资源以及分散的需求整合在一起，就需要建立大数据中心，通过云技术来完成这些大数据的计算与分析；而这个工作不是一家平台可以承担的，不能完成这个工作，就难以实现精确营销。

微博平台的网购流程仍需改进，很多企业对网购流程的规范操作缺乏信心，因而只是单纯借助微博平台来做产品展示，至于购买及交易等其他环节都在其他系统内进行。消费者也对交易的设计有所不满，比如在微博钱包中充值之后，却不能像支付宝钱包那样随时取出。还有业内专家批评微电商急功近利，摊子越铺越大，背离了“小而美”“以微见著”的初衷。

当务之急，微电商需要尽可能争取更多线下商家的支持。为了达到这个目的，社交平台可以经常开展 O2O 营销活动，通过为商家提供简便快捷的交易流程，吸引更多小微电商家和个人网站的加盟。

微电商时代已经悄然开启，在与传统电商的竞争中，未来微电商是否可以克服重重困难与挑战成功上位，在网购市场打下半壁江山，铸就微电商的辉煌霸业？我们只能等待时间给予的答案。

把握移动电商发展趋势，依靠粉丝和玩法提高核心竞争力

进入移动互联网时代，微电商作为移动电商的产物和组成部分，已经获得了越来越多人的关注。电商从业者应该把握住移动电商的发展趋势，看清未来

的格局和方向。就像“打败微软的，一定不是另一个做 PC 操作系统的”一样，从眼下的形式来看能打败淘宝的也一定不是其他的类似于淘宝的商城模式，微电商与淘宝隐然已成对立、抗衡之势。

在 2014 年 2 月，对于微信商家的付款接口申请，支付宝实行了“不新签、不续约、不合作”的“三不”政策，同时还逐步清退了已经通过申请的商家。淘宝对微信的类似的封杀行为，让双方势如水火。2014 年 3 月，微信也很快推出了应对之策——微信支付开始对通过微信认证的服务号全面开放，母婴食品、商超百货、服饰鞋包等都在首批开放的类目中。

这样一来，微信也正式形成了属于自己的以微信公众号为基础的电商闭环模式，微信与阿里之间的颠覆论调由此甚嚣尘上。而对于微信而言，想要颠覆阿里这个庞然巨物显然并非易事，但险峰之处自然也有无限风光。

1．微信电商的个性化发展之路

微信电商与淘宝商城式的电商之间的最大区别就是“关系”与“流量”之争，微信电商侧重于经营“关系”，而淘宝电商争的是“流量”。在未来，移动电商必然会成为主流，而移动电商的发展则一定是为了满足消费者越来越多样的个性化需求。

消费者个性化需求的实现方式大体有以下两种。

（1）通过智能手机的传感器，收集和分析消费者的行为数据，进而洞察消费者的行为特点和购买需求，实现“所想即所得”的终极要求。

（2）以消费者需求为基础，将市场无限细分。这样导致的结果是，产品、品牌或者商家将以碎片化的形式存在，而消费者可以根据自己个性化的需求去关注，并选择购买。

对于这两种方式，第一种需要非常强大的技术支持，而第二种则更简单，也更容易实现。事实上，微信公众号的发展逻辑也正是基于第二种方式。微信电商以公众号的形式，将消费者需求进行无限细分，而消费者在自身偏好的基础上，可以自行去匹配商品，这样一来就能在很大程度上满足消费者的个性化需求了。

所以说，微信电商本质上来说，应该属于社群电商的范畴，其运营思维和发展模式也应该是以社群和关系为基础的，而以流量为基础的传统商城思维和模式显然已经不适用。

2．微信电商与其他电商形式的区别

在微电商时代，微信电商与其他电商形式相比，有哪些区别和特点呢?

（1）购物的碎片化

2014 年的“双 11”，移动端的成交额占比从 2013 年的 15.3% 一下子激增到了 42.6%，如图 1-4 所示，这个数据就足以显现出移动端购物的趋势了。在这个移动互联网时代，人们无论在何时何地，似乎都在与移动互联网发生着关系，聚餐吃饭时、坐车无聊时、休闲逛街时、躺在床上时，手机成了我们片刻不离的伙伴，甚至上厕所也习惯带着手机，浏览一会儿网页。

所以说，手机上网已经成了这个时代人们无时无刻不在进行的生活习惯。正因为这种无时无刻、随时随地，以移动客户端为基础展开的网购自然也就显得碎片化了，甚至吃个饭或者上个厕所的时间就能下好几个订单。

（2）购物的场景化

从目前来看，场景化购物已经现出端倪，虽然尚未大范围形成，但是对未来网购模式的影响也可见一斑。下面，我们就举一个简单的例子。

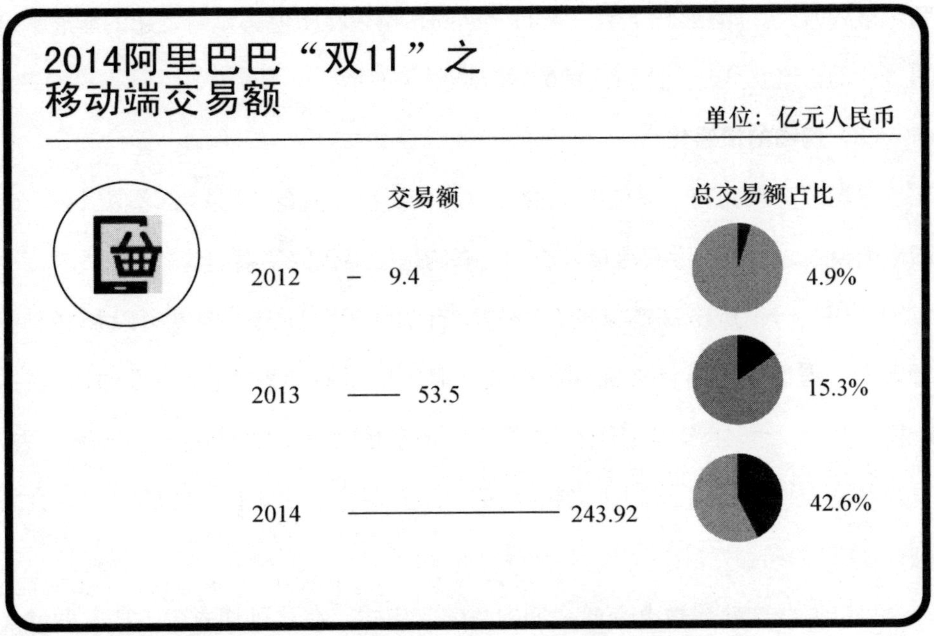

图 1-4　2014 年阿里巴巴“双 11”移动端交易额及占比

一天，你和朋友一起到附近的一座餐厅聚餐。吃饭期间，你看到餐厅大厅里醒目的位置上有一个二维码，于是便随意拿起手机扫一扫。

扫描之后，你便得到一个信息：“亲爱的消费者，扫描该二维码就可获得打包盒，为您的家人打包带一份饭菜回去吧，里面将承载着满满的爱。”于是，你吃完饭，又买了一份饭菜打包回去了。

你拎着打包盒，走在寒风刺骨的大街上，想着要是有一双手套就好了。这时候，前方一条商业街的入口有一个醒目的二维码，于是你扫描了一下，它显示出街内商铺的售货类型和位置，而其中一家商店正是卖手套等日常用品的。于是，你很快进去买了手套，拎着打包盒高高兴兴回家了。

这是一个线下的场景化购物案例，而线上的场景化更多地要依靠多样化的营销推广方式。如在2014年“双11”期间，京东在微信公众号发起的智能手机集钱活动，这就是一个比较简单的线上场景化展示。

（3）购物的情感化

对淘宝商家而言，只要有流量入口，只要找到流量，自然会客似云来。而微电商模式，偏偏是没有流量入口的，靠的是情感化的关系运营。

比如：一个微电商商家的公众号里有100多个好友，他就可以和好友们聊聊天，看看大家有什么需要，往往一聊可能就有生意上门了。而且，在这个圈子里，大家会慢慢记住有这样一个店家是卖某一类产品的。一来二去，只要和朋友圈里的好友们建立起情感和信任关系，大家有需要的时候就会想到你了。

可以说，这就是微电商最初期的情感化模式。在这种模式中，朋友圈就是展示商品的渠道，而情感是达成交易的基础。不过，这个模式的弊端也日益显露，想要发展成为更高级的模式，还要向B2C形式的微电商转变。也就是说以微信为依托，将微信公众号与本地市场相结合，逐步打造一个小而美的微电商品牌。

未来的微电商，不可能走类似淘宝的一体化平台模式，只能走多样化社交玩法的社交电商模式。你需要做的不是在电脑前绞尽脑汁地思考如何吸引更多粉丝，而是切实走到消费者中间去，和他们成为朋友。让消费者感受到你是一个有血有肉、有感情的人，而不是一个冰冷的logo或者品牌。微电商的未来，是让交友产生关系，让关系创造价值。

3．微电商的核心竞争力

那么，在微营销概念越来越火的今天，基于微电商自身的特点和情况，相对于淘宝模式的拼流量而言，微电商的核心竞争力又在哪里呢？

（1）微电商拼的是粉丝质量

微电商说得简单一点，就是在微信、微博平台上进行营销、销售活动的商家。淘宝电商吸引消费者的方式是促销传播，如限时打折、整点秒杀、满就送等活动，活动本身都是由统一的平台推出和打造的。而微电商平台是靠社交传播来吸引消费者，平台只提供技术支持，所有的买卖活动都通过微信、微博等社交环境自由开展。

微电商的运营核心主要在于企业微信账号的粉丝质量和互动运营的黏性。

良品铺子是一家集休闲食品的研发、加工、分装、零售服务为一体的专业品牌连锁运营公司，它的微信营销就比较成功。良品铺子微信号所拥有的粉丝数量超过 121 万，而且大部分粉丝都是其门店的老顾客，对其有较好的认知和忠诚度；良品铺子的微信还通过长期持续更新的新鲜内容，以及娱乐化的互动游戏，让自己保持着较高的互动率和活跃度。其微信号的互动率达 20% 以上，活跃度也超过 50%，远高于行业 12% 的平均水平。这也意味着，良品铺子的微信每发一条消息，就能吸引 25 万以上的粉丝前来查看或点击。

据了解，良品铺子有两个移动端口，一个是支付宝服务窗，另一个便是良品铺子的微电商平台。目前，良品铺子微店的销量每月都在成倍增长，相信随着移动电商在悄然改变消费者购物习惯的同时，微店将成为良品铺子的一大利润增长点。

（2）新玩法让参与感更强

微电商平台相对于传统电商平台而言，增加了很多创新性的玩法，比如降价拍、团购拍等活动都具有一定的娱乐性，可以增加消费者的参与感。

以团购拍为例，一件标价 80 元的商品，你若能够号召 100 人加入进来一起购买，价格可能降到 60 元；若是能号召 200 人一起购买，价格可能降到 50 元。也就是说，买的人越多，价格就会越低，这样就能刺激大家奔走相告，将商品分享给更多人。

虽然目前来看，微电商平台的体量还无法与传统电商平台相比，但这种对电商新模式的探索依然对企业有着巨大的吸引力。比如，微电商有以下特色与优势：入口与出口都搭载在社交平台上；病毒式的开户与传播，让信息蔓延得非常迅速；是以熟人关系链为基础推出的创新型支付。另外，微电商平台还可以轻松地将商家联合在一起，实现信息的多次传播。

粉丝转化成潜在客户不是禁忌，品牌微电商的未来在哪里?

2014 年 12 月初，俞敏洪等人投资大 V 店，在微电商行业内引起了不小的轰动。作为明星企业家的俞敏洪本来就有太多耀眼的光环，其投资大 V 店的举动，让众多微电商创业者备受鼓舞，彻底点燃了微电商们对未来的畅想。

1．为什么要投资“大 V 店”？

大 V 店的主要定位是帮助妈妈们和自媒体人轻松开店，而之所以将目标人群锁定为妈妈们和自媒体人，主要有以下三方面的原因。

（1）大 V 店瞄准了移动端的碎片化时间

移动化和碎片化是移动互联网的第一大属性，在移动互联网时代，如何有效地抓取消费者的碎片化时间，是决定微电商产品销售好坏的关键。微信公众账号的操作者都明白，瞄准某个特定的时间段推送消息，取得的传播效果将会更加理想。大 V 店抓取消费者碎片化时间的方式并不是抓住特定的节点时间，而是抓住特定的操作者，妈妈和自媒体群体有更多的自由时间来操作微店。

（2）大 V 店解决了微电商的信用问题

大 V 店顾名思义，其操作者一定是在某一领域或某个行业有较高的知名度，并有自己的粉丝和消费者群体的。如同微博“大 V”一样，影响力和号召力是决定消费者是否购买的关键性要素。大 V 店一方面用“大 V”的公信力来消除粉丝和消费者对产品的质疑，从而促进产品销售，同时也为自媒体人提供了最佳的微信变现方式。而俞敏洪等投资人正是看中了大 V 店的这一点。

（3）大 V 店用人格来为品牌背书

在解决了信用问题之后，下一步的关键便是品牌积累。虽然微信的营销传播功能尚不成熟，却是一个很好的客户关系管理工具。自媒体平台的发展就是一个积累粉丝的过程，把平台的忠实粉丝转化成潜在客户也是平台变现的重要方式。这与大 V 店的定位不谋而合，再配合用人格为产品背书，口碑效应、品牌效应便可以快速地显现出来。

2．大 V 店面临的两大难题

虽然“大 V”的影响力和公信力能够在很大程度上赢得消费者的信任，但大 V 店依然有两个亟待解决的问题。

（1）问题一：流量从哪里来？

流量是电商的生命线，即使再有影响力的人也希望天天都有更多的新人来关注自己，购买自己的商品。微信与微博不同，不是人人都像李开复、韩寒那样具有强大的影响力，拥有罗振宇、鬼脚七那样的专业度的人也是凤毛麟角，微电商里真正愿意为你买单的人大都是你熟悉的人。对于众多的“买手”“达人”来说，则需要为其注入更多的流量才能发展起来。否则，大 V 店就会变成一个空壳。

（2）问题二：如何对消费者进行有效管理？

粉丝和消费者的管理是十分复杂的。大V店上的消费者沉淀，更多的是依靠“大V”的知名度和影响力，这种沉淀也是非常脆弱的，如果缺少利益的驱动和有趣的内容则很难留住这些粉丝。关注公众账号的粉丝，可以和“大V”学习分享有价值的内容，而“大V”也可以在公共账号里通过自媒体招聘的方式变现。

3．品牌微电商的未来在哪里？

目前，微电商主要有两种流派，一种是以口袋购物为代表的C2C流派；另一种是以微盟旺铺、京东微店、口袋通微电商城组成的腾讯系微电商和微信第三方为主的B2C流派。

各流派都有各自的优势，口袋购物的商家基础非常强大，京东微店有腾讯的支持，第三方在聚合分散的社会化媒体流量方面有一定的优势。未来的发展有可能会是两种流派共生共存，就如同淘宝和京东，一方的强大并不意味另一方的衰弱。

4．离开“朋友圈”，微电商还能怎么做？

微博和微信相互竞争，QQ空间已有些过时，陌陌、易信的活跃度也在下降，BBS和贴吧的效果也微乎其微。在目前看来，与微信捆绑的微电商，除了朋友圈似乎没有更多更好的营销渠道来进行品牌传播。然而在朋友圈做推广营销，却具有极大的风险，稍有不慎，就可能遭到官方“秒杀”。

当前，微信既想发展电商又不希望破坏朋友圈生态，如此就应该开放一个与朋友圈并列的“购物圈”作为营销通道，否则不仅微电商消费者很难发展起来，而且微信自身也会陷于不利的境地。

当前基于微信的微电商的发展模式主要有以下3种。

（1）自营

也就是自己直接销售商品的模式，采用这种模式的以淘宝迁移过来的商家居多。他们大都具备一定的经营经验，也比较熟悉朋友圈的运营技巧；他们在淘宝上已经积累了一定的客户人群，入驻微信平台，建立自己的公众号，只是增加了一个推广平台；他们在新的平台上时常与好友们分享自己的经营经验，偶尔发发广告，做做活动，建立与消费者的关系。

（2）找代理，做分销

在微信平台上有些人采用不同的微信号配合美女的图像广泛加人，进行暴力刷屏，或者在不同的社交平台、BBS 上满世界地发广告。更有人利用群发功能一键群发，以强制骚扰的形式让朋友看到自己的产品。结果是层层代理，层层压价，走上了畸形发展的轨道，也污染了朋友圈。

（3）营销培训

在微信推出的初期有很多所谓的营销大师打着微信的旗号四处行骗，各种营销兵法、武器秘籍满天飞。“月入百万、流水千万、微信创业”等各种诱惑的宣传语，不绝于耳。随着大家对微信认识越来越成熟，“忽悠”的难度越来越大，营销培训越的模式已穷途末路。

准入门槛低、营销成本低、口碑传播快是微电商快速火爆的重要原因，然而在繁荣的背后，很多人开始感到“微电商”越来越难做了，营销推广经常遭遇屏蔽或吐槽。在现有的环境中，每在朋友圈刷一次广告屏就是对自己信誉的一次透支，长此以往不是“粉转路人”就是“粉转黑”，这样的发展难以持续。

5．未来的微电商会怎么发展？

缺乏完善的交易体系和信任机制的环境中，只能单纯依靠朋友圈里的暴力刷屏和微信上互动，微电商的前进之路越走越难走。朋友圈的红利已近乎消耗殆尽，众多微电商彷徨在十字路口。未来的微电商会可能会有以下4个发展方向，如图1-5所示。

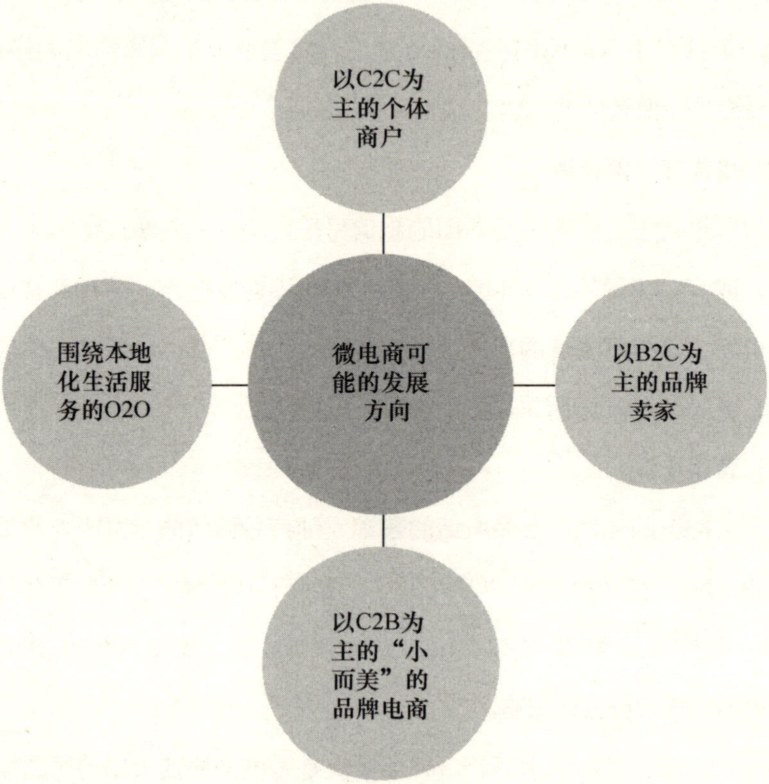

图1-5　微电商的发展方向

（1）以C2C为主的个体商家

淘宝培养了消费者在PC端的网购习惯，从而开启了全民网购的时代。微信则培养了消费者在移动端的社交习惯，并且其移动端的购物习惯也在逐渐形成，或许，微信将会开启全民开店的时代。微信的诞生让自商业成为可能，让我们迎来一个“买家即卖家”的移动购物时代。

虽然很多人对微电商的未来表示悲观，但对比所有的移动电商平台，微信的试错成本是最低的。目前微信电商是最大的移动电商群体，随着微信的不断成熟，这一群体将会形成一个巨大的联盟体，迸发出巨大的能量。

（2）以 B2C 为主的品牌商家

B2C 模式是所有平台方和第三方最为看好的微电商发展模式。不管是以微盟旺铺为代表的第三方，还是以京东购物为代表的品牌电商，微电商的最终发展都是规模化运作。

这种规模化是一个从 C2C 到 B2C 的升级过程，比如淘宝初期的运作是以 C2C 模式为主体，但当这一模式无法适应市场需求时，天猫（B2C）便应运而生，消费者的消费观念也逐渐从追求低价转向了更加看重质量和品牌，微电商也是如此，在朋友圈售卖商品只是微信电商的第一步。

（3）以 C2B 为主的“小而美”的品牌电商

C2B 模式没有在以流量为王的 PC 时代迎来大繁荣，然而其蕴含的能量确实是巨大的。在移动互联网时代，定制化、个性化的产品将会是重要的需求潮流。非标类的产品借助微信通过口碑传播和精准营销，更容易发现潜在的用户。在去中心化的社交电商平台上，“小而美”的产品将会迎来全面的发展。

（4）围绕本地化生活服务的 O2O

O2O 模式的困境在于线下资源整合难度大，特别是物流等各方面操作起来非常复杂。马云说过“抱怨最多的地方就是机会最大的地方”。O2O 的关键在于服务。如果微电商能够把自己的定位由一个商品的售卖者转化为一个移动客服，帮助终端的消费者解决找信息难和信息不对称问题，那么微电商就会发展成为移动电商的桥梁。

在分享和移动化大趋势下，如何走出对微电商的认识误区？

自微电商出现以来，关于其未来发展前景的争论就一直不曾中断，支持者相信微电商的未来将不可限量，反对者则认为微电商的模式不可能长久。

从“存在即合理”的角度来分析，微电商是移动社交时代自然而然延伸出来的商业形态，而且目前已经形成了一种商业趋势，不可能轻易消亡。之所以业界会有如此多且分歧较大的争论，主要是对微电商的理解和看法存在一定误区。

1. 对微电商的认识误区

什么是微电商？对于这个问题，很多人都心存疑虑。有人觉得，微电商就是在朋友圈卖货，有人认为微电商就是微店商城和微店，也有人认为拍拍微店、京东微店、微信小店、微电商城、口袋微店、喵喵微店、微盟旺铺等都属于微电商的范围。若从狭义的角度去解释的话，这些也都可以称为微电商，但是它们又不能体现微电商的全部含义。微电商，可以很简单，也可以很复杂，系统来看可以分为两种模式，分别为B2C模式和C2C模式。

（1）B2C模式

B2C模式又分为两类：

★ B2C模式的“国家队”（也就是说微信自身推出的平台，或者与微信合作一起推出的平台），如京东微店、微购物、微信小店等；

★ B2C 模式的第三方参与者，如有赞微电商城（基于微信公众号）、微盟旺铺等。

（2）C2C 模式

C2C 模式也可以分为两类：

★ C2C 模式的“国家队”，如拍拍微店等；

★ C2C 模式的第三方参与者，如云街微店（基于朋友圈）、喵喵微店、有量微店、口袋微店等。

2．B2C 微电商和 C2C 微电商

从目前微信公众账号的迅猛发展来看，以企业为主的 B2C 微电商已经日渐火爆。虽然微信官方并没有为其导入太多流量，但是也确实得到了其认可与支持。相反，以朋友圈为战场的 C2C 微电商虽然一时看起来有如火如荼之势，却被微信官方反感。究其原因主要有两方面：第一，这种交易模式本身存在病态性；第二，它已经严重破坏了朋友圈的生态。

以朋友圈的 C2C 微电商为例，它本身就存在太多缺陷：

（1）很多代理商可能本身都从未使用过产品，即使出现以假乱真的问题，代理商自己都不清楚，因此很难保证商品质量；

（2）在推广方式上，产品的存在感只有通过不断的暴力刷屏才能体现出来，而暴力刷屏不仅会影响消费者体验，一不小心还容易被举报封号；

（3）在交易链上，缺乏维权机制，买家与商家之间也缺乏信任；

（4）层级代理太多，产品的同质化现象严重；

（5）通过朋友圈，很难建立精准有效的客户管理体系。

正因为朋友圈的 C2C 微电商有如此多的弊端，而 B2C 微电商又日益被市场

所认可、接受，所以业界普遍认为B2C的微电商才是微电商的未来，其优势有以下几点：

（1）B2C平台可以做到对产品的全程管控，也就是说能够建立一个完善的基础交易系统，这是C2C微电商无法实现的；

（2）B2C平台方已经对产品进行了初步筛选，因此更能保证产品质量和服务质量；

（3）在社会化客户关系管理方面，通过微信公众平台能够更好地实现SCEM客户关系的有效沉淀；

（4）B2C微电商还能通过第三方平台，利用QQ空间、微博、微信、易信等将部分分散的流量整合起来。

3．朋友圈微电商已经出现的乱象

众所周知，微电商的迅速走红与朋友圈卖货、代购的兴起有很大关系，然而也正是因为朋友圈微电商的泛滥才让人们对微电商积累了越来越多的负面感受。而事实上，微电商目前存在的乱象也是不可回避的，主要表现在以下几个方面。

（1）层层代理，无限制的发展下线

在这种模式下，微电商甚至被偏激者认为是"传销"，它通过层层代理的方式不断发展，然后谋取暴利。一些做微电商的号称"月赚百万"，问题是他们赚的并不是买产品的钱，而是层层代理的钱，这与"传销"确实有一定相似性。

（2）严重囤货，暴利多销

在朋友圈卖货，一般以两种情况居多：一是惟低价是取；二是以非标准化产品居多。这两种产品前者因为低价而需求多，后者因为达不到规定标准而利润高。在代理和销售过程中，分销商往往可以以非常低的价格从商家拿货，之后再薄利多销或以暴利销售。

（3）以假乱真，以次充好

因为缺乏良好的维权机制与交易机制，朋友圈微电商存在严重的以假乱真、以次充好的现象。商家或代理商会通过 PS 修图、晒成果（交易额等）等方式吸引他人，甚至利用微信对话软件、网银转账截图软件等工具来混淆大家的视线，让人以为代理真的很赚钱，而现实情况却并非如此。

4．微电商为何没有想象中好做

很多人将微电商想象得过于简单，认为只要在朋友圈做好推广，不用囤货、不用投钱、也不用发货就能轻松赚钱。然而，真正的微电商并非如此简单粗暴，现实中的微电商之所以没有想象中那样好做主要有以下 3 种原因。

（1）找不到好的货源

一般情况下，高品质的货源都不是轻易可以得到的，而朋友圈的微电商之所以出现层层代理的情况，也是因为找不到更多的优质货源，只能推出一些廉价或劣质产品。

（2）个人商家的局限性

个人商家的局限性主要表现在目光短浅、思维短视、急功近利，进而破坏了朋友圈的信任体系。很多人认为微电商就是在朋友圈卖货，事实上分享和推荐才是微电商最好的发展模式，这种简单粗暴的卖货方式已经破坏了整个朋友圈的生态系统。

（3）入驻朋友圈的品牌商并不多

目前在朋友圈微电商能够看到的产品，一般都是一些闻所未闻的品牌。他们采用各种营销手段，在朋友圈大肆宣传，甚至能把一款名不见经传的产品包装成国际品牌。受到蛊惑之后，一些冲动的消费者会购买。

5．去中心化的微电商时代到来

尽管微电商目前存在着诸多问题，然而它依然呈现出了势不可挡的发展之势。业内之所以依然普遍看好微电商，而且微电商的“吸金”能力依然有增无减，主要是因为以下几种原因。

（1）朋友圈微电商虽然乱象丛生，却也不乏实实在在的创业者、掘金者

朋友圈微电商也并不都是靠暴力刷屏来经营、赚钱的，也存在着一些积极引导消费者的创业者、掘金者，他们将这种去层级、去中介化的电商模式走出了自己的风格和道路。

（2）去中心化的移动电商正在崛起

在“第九届中国网上零售年会”上，聚美优品高级副总裁刘惠璞透露了一个事实：一些高质量的海淘产品只有在朋友圈才能看到，甚至在聚美优品、天猫等官网都没有类似的产品销售，这令聚美优品尤感震惊。从这个角度来说，微电商的代购市场可谓前景广阔，而且这一去中心化的趋势若真能在朋友圈蔓延，其潜力将会不可限量。

（3）规范品牌商，做好产品控制，微电商将大有可图

只要建立起相对完善的维权机制和交易机制，把控好货源与产品质量，微电商将会迎来一次大规模的爆发。未来，C2C 的个人微电商将会越来越向以团体或企业的 B2C 微电商靠拢。

（4）基于朋友圈信任经济的需求

淘宝有 10 多亿的 SKU（在淘宝指宝贝的销售属性集合，供买家在下单时点选），这就意味着买家在选购产品时将会非常费时费力。海量的 SKU 导致的后果是：产品同质化竞争严重，消费者购物成本增加，而且在销量和商品评价上都能够作假。而积极形态的朋友圈微电商则是先有信任，再有分享，只有在朋友之间存在信任关系的基础上才能形成交易；也就是说这是一种信任经济下的分享经济，是移动社交时代的发展趋势。

凯文 · 凯利在一次演讲中说道："未来世界会不断从科层制中去中心化，分享和移动化将是趋势，创新将来自前沿和边缘。"伴随着移动互联网的不断发展，商业领域原有的信息不对称和信息垄断将被完全打破，而微电商有可能成为移动社交电商的新宠。

【商业案例】速途商城：微媒体联盟试水微电商，探索电商新模式营销之道

2014 年 9 月 22 日，微媒体联盟电商事业部正式宣布，开始进军微电商领域。当日，速途商城上线售卖的新疆灰枣、绿色有机农产品等，仅仅一天销量就达到了 700 多单。

在此之前，微电商的运营可谓非常艰难：如何建立高效的销售平台？怎样建立起消费者的信用度？如何解决支付问题？这一系列问题都困扰着运营者。然而，速途传媒电商事业部总经理彭洋也深刻意识到微媒体联盟巨大的社会影响力，这让他下定决心，要通过微信来开展电商新模

式营销。

对于前期遇到的波折，彭洋说："运营前期，优秀的供应商本身具备完整的销售链，根本不愿花费精力来了解微电商，同我们合作，这让整个运营团队都非常头疼。"为了吸引优秀的供应商入驻，速途商场可谓用心良苦，而且拿出了足够的诚意，不仅保证足够的单量，还将销售价格定为供应商的零售价，以保证他们的利益。速途商场这样做的目的是在服务消费者的同时，也让供应商认可微电商的平台。至于在盈利方面，彭洋看得很清楚，在达到一定的规模之前，盈利基本上是不可能实现的。

如今，在食品安全问题日益凸显的情况下，很多消费者都想购买真正纯绿色、纯天然的有机农产品，但苦于缺乏有效和权威的购买途径。而速途商城正是捉住了这一点，将市场定位进行细分，着眼于销售天然的、有机的农副产品。市场定位明确之后，速途商城也面临着另外一个重要问题，就是售后服务。要知道，对于生鲜产品而言，在打包、运输、配送等环节中极易出现坏果的情况。只有解决了这个棘手问题，才能真正做好服务，让消费者满意。

对此，彭洋分享了一件有意思的事情：曾经有个消费者在速途商城购买了一箱河阴软籽石榴，由于快递的原因消费者收到的时候坏了三个。收到消费者的反馈以后，速途商城决定进行全额赔偿。最后，这位消费者不仅吃到了免费的石榴，而且还收到了速途商城快递的一份慰问干果。为此，这位消费者大为感动，说自己网购这么多年，第一次遇到这样的服务。

虽然速途商城的运营已经初见成效，不过彭洋依然态度坦然、谦逊，他认为："粉丝经济要上升到社群经济，保证微电商的持续性，而不是一锤子买卖，要实现给粉丝带去实实在在的价值，这样微电商才能走得更远。”

1. 微媒体联盟微电商起航——资源决定竞争力

据了解，自媒体联盟是行业里最早涉足微信社交关系平台的机构，经历了艰难的创业期之后，如今它已经进入了几何指数式增长的快速发展期。资源决定竞争力，微媒体联盟进军微电商最重要的资本便是庞大的微信消费者数据库，这也为它之后的发展奠定了坚实的基础。

微媒体联盟总经理刘敏华介绍说，微媒体联盟的核心价值不仅仅包括其每天 20 多万次的转发、每日将近 800 万次的阅读，以及 2000 多万人的粉丝数量，还在于其手中握着的一张王牌——在不断发展的过程中精准覆盖的众多领域，包括时尚、娱乐、IT 互联网、游戏、汽车、科技、移动互联网、医疗、家居、地产、财经等众多行业。微媒体联盟之所以敢试水微电商，并且取得了不错成效，其主要依据便是这个庞大的社会关系网，因为这个网络为其提供了最充分的需求平台。

2. 怎样构建微电商的销售平台？

微媒体联盟旗下的微信公众明星账号养生堂（yang sheng tang news）市场定位明确，针对的是大众养生产品，在细分内容上给予品牌清晰的定位，如今已经拥有了 20 多万的粉丝数量。养生堂之所以能获得如此高的人气，主要因为与粉丝展开了有效互动。就像“鸡生蛋，还是蛋生鸡”这种问题一样，“买”与“卖”之间也是相生的关系，很难探究先产生了哪一种需求。而速途传媒的微电商之路就是本着把“真正的天然、有机产品卖给需要它的人”而展开的。

彭洋介绍说，当初在选择产品时，也曾考虑过快消品、电子产品等，但是微电商作为电商新领域，在这些产品领域并不具备优势。不过，在此类产品中，并不是说微电商就没有市场，毕竟就产业创新的趋势来看，移动互联网已经成为新的风向标。随着市场的发展和细分，移动电商在各个产品领域的规模都有可能实现量级的增长。

3．怎样建立微电商的信任度？

彭洋认为，很多人之所以不看好微电商，主要是因为大家都存有先入为主的思维，认为电商基因是属于阿里巴巴之类的电商巨头的，而腾讯只有社交基因，没有电商基因。然而，在很多时候惯性思维只会让我们错失很多机会。淘宝固然有相对完善的信誉体系、点评系统等，让消费者选购时可以有据可依，但是因为近年各大购物网站的刷单业务透明化，也让消费者对这些平台的信誉体系产生了质疑。

淘宝在很大程度上消除了购物的消息不对称性，而微电商所依据的则是为消费者提供更个性化的消费体验，它诠释的是一种新的生活方式，而且能够更好地匹配消费者的消费习惯，从而积累忠诚度更高的粉丝群体。

对此，彭洋指出：“他们对于我们的信任，是长时间积累下来的，粉丝黏度更大，更稳固，这就很好地完成了口碑的塑造。”速途商城上线当天的销售业绩，以及前期对天然无添加土蜂蜜、河阴软籽石榴的销售测试都能证明，精益求精的产品必然能够获得粉丝的信任和认可，并且营造出良好的产品口碑与粉丝黏度。

与此同时，速途商城上线后不错的销售业绩也证明了细分市场的价值，只要微电商能够牢牢抓住细分人群的兴趣，满足这部分人群的核心需求，同样能够走出一条不一样的电商之路。

4．如何解决微电商的支付问题？

进军微电商，支付也是一个不可回避的重要问题。对于大部分消费者而言，普通的银行卡支付已经难以满足高质量体验的需求，而消费者也很容易被繁琐的流程、繁杂的步骤和过多的信息输入量所击退，进而放弃购买需求。

对于这个问题，彭洋表示，速途商城已经针对付款业务开通了三个支付端口，包括微信支付、支付宝支付以及银行卡直接支付。对于那些已经形成支付宝支付习惯的消费者而言，就算微信已经封闭了支付宝付款窗口，速途商城也可以通过客服提供淘宝商城官方支付宝账号与消费者实现对接，让消费者付款成功。

5．微电商实现社交与购物的完美结合

在移动互联网时代，在人们的沟通、对话与互动中都能实现信息的传播，而信息传播的核心纽带便是基于移动互联网而建立起来的社交网络。

微电商能够从根本上帮助消费者，使消费者更快、更精准地达成需求，与此同时，还能帮助消费者在购物过程中实现与朋友之间的分享与互动。而通过社交网络所形成的产品口碑传播，微电商也能够实现更好的扩展与营销，最终建立起成熟的移动互联网社会化营销体系。在这个体系中，每个人都可以成为自媒体，在完成购物体验、分享购物过程的过程中，也起到媒体宣传与口碑宣传的作用。而基于社交网络的营销方式，必然会让微电商发展得更

好，走得更长远。

对此，速途传媒创始人兼 CEO 范锋博士认为："微信等新媒体的崛起以及随之兴起的社会化营销，让一个新的商业时代已然来临！"微电商能够帮助消费者在不通过商家的前提下，更好地"接触"产品，面对产品本身，从而让交易过程更直接、更高效。

再战微电商

Part 2

微营销：
一种高性价比的营销方式

大互联时代的微营销：产品+口碑+品牌+营销+消费者体验

2014年7月22日对小米来讲注定是一个值得铭记的日子，因为这是小米4正式发布的日子。发布会现场聚集了来自全国的米粉们，他们在现场尽情地狂欢、尖叫，为小米的又一次新生而疯狂。

小米4看似是一种冰冷的手机产品，但其背后却有千千万万的疯狂追随者，他们毫不吝啬地对其表达热爱和钟情，他们乐于与其他米粉一起分享心得体会，他们还乐意尝试新的产品，还会通过各种渠道去传播自己的心得体验，并用自己的行为去潜移默化地影响周边的人，这就是粉丝的力量，也就是所谓的微营销的一种。

随着互联网的发展，传统营销靠客户吃饭的时代已然过去，一种全新的微营销模式开始出现在人们的视线中，在这一模式下，得粉丝者得天下。小米、五格货栈、雕爷牛腩就是这一营销模式的典型代表，他们的成功与其广大粉丝的支持有着密切的关系。大互联时代颠覆了传统的营销模式甚至是销售模式。那么对于传统企业而言，应该怎样做好微营销呢？

1．什么是微营销？

所谓的微营销，通俗点说就是投入比较低的成本而获得超出其成本价值的营销手段。与传统的营销方式不同的是，“微营销”需要“虚”与“实”的结合，同时还有一条更轻便、高效的营销全链条，涵盖产品研发、产品发布、销售市场、品牌推广、客户关系等内容，此外微营销对各类营销资源进行整合，实现了以小博大的营销效果。微营销有许多真实的粉丝，帮助其摆脱了传统销售渠道的桎梏，拿回了一部分营销自主权。

2．微营销的特征

（1）信息传播移动化

随着无线网络技术的发展以及智能手机、平板等移动端设备的不断普及，信息传播的速度更加快捷，利用移动端设备和无线网络人们可以随时随地上网，了解新闻资讯。传统的信息传播方式也逐渐被淘汰，微博、微信和门户网站成为人们了解和传播信息的主要平台。移动信息传播的即时性和方便性的特征，让移动信息传播源受到越来越多人的欢迎。

（2）消费者的心智相对比较成熟

随着社会的发展，消费者的消费心理也逐渐变得成熟起来，摒弃了盲从、盲信、铺张浪费的消费习惯，更加趋向于理性消费。

（3）消费由空间化转向时间化

在传统的消费模式下，对商家而言，“得渠道者得天下”，抢占了渠道就意味着抢占了市场。但是随着网络购物渐成时尚，渠道对商家的作用不再那么重要，“得渠道者得天下”的时代已经过去，消费者的消费时间越来越碎片化，对于商家来说抢占了消费者的购物时间就等于抢占了消费市场。

（4）信息传递的方式发生改变

在传统的消费时代里，消费者的角色是被动的信息接收者。在互联网技术逐渐发展成熟的过程中，信息传播的工具和技术也得到了提升。现在对每一个独立的消费者来说，既可以是信息传播的传递者，也可以是信息的接收者。信息传播的方式也由原来的一对多变成了多对多，传播的内容更加丰富，传播方式更加扁平化，消费者变成了交易过程中的主角，成为了真正意义上的“上帝”。

3．引爆微营销的必杀技

传统企业要做微营销就是在传统营销的基础上结合互联网思维进行的一种创新，要实现这种低成本、高性价比的营销并不是一件简单的事。那么对于企业而言，自身需要具备哪些有利条件才有可能成功实现微营销呢？如图 2-1 所示。

（1）必杀技一：产品

企业研发、销售的产品是能够满足消费者自身愿望和需求的东西，没有了产品做支撑，任何营销策略都是纸上谈兵，而要做微营销的产品必须要满足以下几点要求。

★满足消费者的基本购买需求

消费者在购买产品的时候会先以满足基本需求为主，至于产品的品牌是他们之后才会考虑的因素。如果一个产品连基本的功能需求都不能满足的话那么将很难得到消费者的认同，产品的品牌形象也会受到影响。

★产品要有独特性

在现今的消费市场中，产品同质化现象严重，越来越多的消费者有了更加个性化的消费需求，他们要求每一件产品和每一项服务都能根据他们的需求来定制和提供。因此，这就要求企业在产品的开发上面要更费一番功夫。

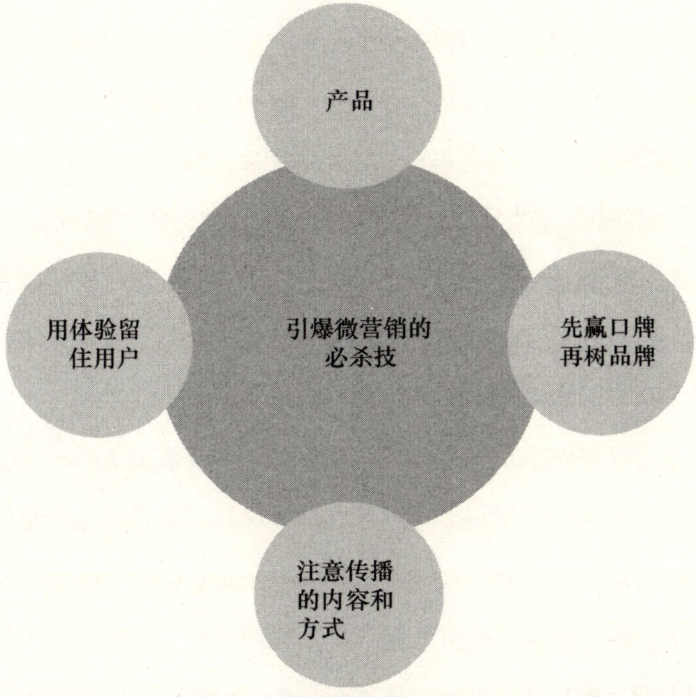

图 2-1 引爆微营销的必杀技

★产品要有能够满足消费者并且让他们乐意为你进行传播的本事

能够使消费者认可并自愿进行宣传的产品必定是品质极佳的产品，因此企业要做好微营销就应该从产品质量本身出发，提升产品的品质档次，使消费者在对产品进行传播之后能获得荣誉感。

★产品要有故事

苹果、三星、亚马逊都坚持做有故事的产品。如果你的产品背后有故事并且能够引起消费者的兴趣，那么这些消费者就会在无意中成为你产品的推广和传播者，因为当他们向别人谈起这个产品时，有故事可讲。

（2）必杀技二：先赢口碑再树品牌

传统企业在刚开始做微营销时要摆脱对品牌效应执著追求的传统营销理念，因为在“微圈子”里，消费者的消费心理更加成熟，不会再盲目地追求品牌，他们在做出购买选择时更多地会相信身边人的购买经历。在大互联时代，无论是优点还是缺点都会被无限地放大和传播，每一个消费者就是一个评论家，不仅能给你带来一大批客户，也能带走一大批客户。因此对传统企业而言，在微营销时代要想占有一席之地就要先用质量过硬的产品赢得消费者的口碑，然后逐渐将他们发展成为产品的忠实粉丝，这样他们才会自愿成为你产品的义务宣传员，从而树立起品牌形象。

（3）必杀技三：注意传播的内容和方式

微营销也可以被称为“粉丝营销”，因此企业的发展离不开忠实粉丝的大力支持，如说小米的成功就得益于一群“米粉”对其品牌的疯狂热爱和追求。在微时代，要想提高企业的知名度，就必须依靠企业发布和传播的内容，只有能够引起消费者兴趣的内容才能有效提升企业的知名度。因此企业在发布消息时一定要考虑消费者的兴趣意愿，此外还要与企业有关，并且符合社会目前所倡导的精神，这样才能使大多数人赞成并乐意为其转载传播。

企业在选择传播方式的时候也要考虑消费者的感受。如果一味地发布狂轰滥炸式的信息，那么很可能会遭到消费者的屏蔽，从而失去往更广范围拓展的机会。企业与消费者之间的信息传播是一对多的关系，而消费者与消费者之间的信息传播则是多对多的关系，因此企业可以适当引导消费者为企业传递信息，从而扩大信息扩散的范围。传播的内容决定了有多少消费者看，而传播的方式则决定了企业的影响范围有多大。

（4）必杀技四：用体验留住消费者

产品质量是满足消费者基本需求的基本条件，此外，企业还应该常常从消费者的角度出发去考虑问题，找到消费者的需求痛点重点强化，以长久地留住消费者。

在这方面做得比较好的就是五格货栈，他们将消费者体验分成了三个部分：第一是在支付部分的体验；第二是在物流部分的体验；第三是在产品部分的体验。在支付部分，五格货栈力求更加简洁和便利，让消费者在几秒钟之内就可以利用微信支付完成购买；在物流部分，在包装箱里内置PE缓冲袋和专业的制冷装置并且拥有最优化的空间布局，可以有效减少运输损耗，顺丰24小时内送到户，消费者可以随时查询产品的物流信息；在产品部分，深入了解消费者的需求，在保证产品质量的同时，为消费者提供更贴心的服务，五格货栈为消费者选送最优质的车厘子，并且包装盒上有10个孔，可以方便上班族在办公室内清洗车厘子，此外还配有进口材料的袋子，水果放进冰箱时可以防止与其他食物串味，包装盒里附赠了一个信封，可以装果核和果皮，保护环境。

只有真正做到了让消费者满意，他们才会对企业更加忠诚并且乐意去维护企业。

“人”是大互联时代的核心，只有将重点放在深入了解消费者上才能将产品做到极致。在大互联时代，缺的不是产品，而是能够打动消费者的产品。因此传统企业应该要重点研究和分析消费者的需求，找到消费者的痛点，然后对症下药。传统企业要做好微营销应该考虑好几个问题：谁会是产品的消费者、消费者的需求是什么、他们有什么期望。当解决好这三个问题之后，企业才能领会微营销的真谛，从而使企业发生质的蜕变。

微营销不仅是一种新型的营销方式，更是一个大熔炉，在给企业带去精华的同时，也让企业开始放弃传统的旧思想。但是不管怎样变，“以人为本”的营销理念一直流淌在产品体验的每一个角落里。

微营销的出现不仅是互联网营销领域的一次创新，也是带领各行各业营销方式创新的一把利刃。传统企业要想做好微营销，既要有敢于破釜沉舟的勇气和决心，还要结合自身实际情况具体去实践。要根据企业规模的大小、产品的特性来设计产品的卖点并制作合理的宣传方案。此外，微营销重视的是消费者的体验和互动，因此企业还应该想方设法吸引消费者并激发消费者的购买欲望。

微营销的最终目标是通过向消费者传递信息，体现企业的价值诉求，提升品牌的影响力。消费者在购买产品的时候认可的不仅是产品本身，还有产品背后隐藏的东西，这些东西与消费者的生活休戚相关。因此企业要让消费者相信其产品可以满足他们内心的心理诉求，让消费者从内心认同你的产品，从而增加消费者的黏性。

“微经济”模式开启，如何规范“朋友圈”念好“生意经”

微信在 2011 年与大众正式见面，当时微信作为一种为用户提供即时通讯服务的社交工具，谁也未曾想过它能对人们的生活产生多么大的影响；在经过一年的发展之后微信依然停留在为年轻人提供免费的通讯服务；到了 2013 年，微信的注册用户已经达到了 5 亿，扫一扫功能让微信红遍了全球；而 2014 年，微信的注册用户已经增长到了 8 亿，拥有 500 万个公众平台，不到 4 年的时间就能取得如此傲人的成绩确实出乎人们意料。微信对大多数人来说已经成为生活中不可或缺的一部分。同时微信的迅猛发展也推动了消费者购物行为的变化。

随着移动互联网的发展和移动端设备的不断普及，越来越多的消费者开始使用移动端来进行购物消费，甚至开始赶超 PC 端的消费者数量。而消费者在智能手机上逐渐培养起来的消费习惯也推动了中国移动消费市场的发展。

移动互联网的发展更加便利了消费者的购物行为，在传统互联网时代，消费者不管是在淘宝还是京东上购物，第一入口是浏览器；而在移动互联网时代，消费者可以直接通过手机微信进行购物消费。微信在人们生活中发挥的功能越来越大。

1. “朋友圈”变“生意圈”

现如今随着微信的广泛使用，朋友圈已经变得不再纯粹，只要打开朋友圈，铺天盖地而来的就是各种各样的商品信息，吃的、穿的、用的，应有尽有。此外微信还推出了充话费、还信用卡、理财等服务，多元化的功能推动了各种微信群以及公众账号的盛行，因而也就有很多具有经济头脑的网友打起了微信朋友圈的主意，在朋友圈里做起了生意。

张华是个 80 后的小伙子，也是某品牌普洱茶的代理商。原本，张华在西宁市拥有好几家自己的店铺，生意也还不错。2014 年 6 月，他在玩微信的时候发现利用朋友圈可以创造更多的商业机会，于是就开始在朋友圈里卖茶叶。

张华不仅经常在朋友圈里发送有关茶叶的信息，同时还定期邀请朋友圈里的朋友去店里品尝新茶，与朋友一起分享有关茶的故事。因为朋友圈里大都是熟人朋友，相互之间容易建立信任，再加上产品本身出色，让张华在朋友圈里收获颇丰。

对于在朋友圈里做生意，大众对它的反应无外乎是支持和反对，支持在朋友圈里做生意的消费者认为：熟人在朋友圈里发布商品的信息，是在为朋友圈里的朋友提供资讯服务，大家可以根据自己的需求来选择购买与否，就算是不想看这些刷屏的信息，也可以选择屏蔽，对消费者并没有造成什么坏的影响。

而反对在朋友圈里做生意的消费者认为：只要一打开朋友圈，就会看到各种各样的商品信息，面膜、衣服、保健品等，严重影响了消费者的体验。如果选择屏蔽，总觉得是熟人，就不太好意思。

2．规范“朋友圈”，念好“生意经”

根据艾瑞咨询的统计数据，中国的移动互联网市场在 2013 年已经达到了 1059.8 亿元的规模，同比增速 81.2%；预计到 2017 年，移动互联网的市场规模将增长 4.5 倍，达到 6000 亿元。这些诱人的数字都在告诉人们：微电商必定会有一个前景广阔的未来。

事实上已经有很多商家认识到移动社交平台对市场营销的重要性，并开始在微信、微博平台上进行了一些大胆的尝试。比如中国石油青海销售公司就紧跟时代潮流发展，在经营过程中融入互联网思维，寻求新的发展道路，建立了公众号，对企业的文化进行全方位的宣传推广，同时还在公众号里时时更新油品的价格以及相关的促销活动，向客户传播一些油品的知识。此外，消费者还可以完成网上充值、查询以及办理挂失等业务。通过微信和微博，商家又开创了一种新的传播方式，进一步提升了品牌和产品的影响力，同时也让客户获得了好处。

中国石油青海销售公司加管处负责人认为，微电商能否成功运营，与企业微信账号拥有的粉丝质量和黏度有着很大的关联。企业微信账号中的粉丝大都是企业的忠实消费者，他们对企业自身有很高的认知。企业在公众平台上通过与粉丝进行互动游戏的方式以及不断更新平台上的内容，可以确保平台的活跃性，同时也可以提高互动率，让微电商的运营更加顺畅。

在中国石油青海销售公司的公众平台上滚动播放着各种各样的优惠活动，比如“岁末回馈，感恩有礼”“周末刷卡消费，减免5%刷卡费用”等，这些优惠活动的推出，吸引了大量粉丝的参与，同时也为公司带来了良好的收益。

微信作为一款应用程序，不仅为消费者提供免费即时通信服务，同时还支持跨通信运营商以及跨操作系统平台等的操作，而微信也凭借这些优势在很短的时间内就深入到了广大民众的生活中去，同时企业也抓住了微信发展的有利时机，开创了一种全新的营销渠道，为企业的发展开辟了一条新出路。自此，围绕“微电商”的“微经济”模式正式诞生，在商业领域创造了一个个奇迹。

然而当微信被人们当做指引市场营销走出迷茫、走向光明的灯塔的时候，微信也开始发生让人失望的事情。有许多不法的公司开始利用微信平台进行一些诈骗行为，严重损害了消费者的利益，还有部分公司打着销售的旗号开展涉嫌传销的商业活动。面对微信平台上出现的这种现象，国家网信办也发布了相关的治理措施，对即时通讯工具服务的提供者、使用者的服务以及使用行为进行了严格的规范，同时还对在即时通讯工具上进行的公众信息服务活动提出了明确的管理要求。国家出台的管理规定不仅有效规范了与微信相关的行为，还提供了统一的管理标准和行为标准。

3．产品口碑推动微电商的崛起

微电商在未来的运营发展中应该如何实现新的突破，关键还在于产品。如果企业能拥有质量过硬的产品并且其产品也比较具有个性，那么不仅可以帮助企业吸引和留住更多的客户，同时凭借其良好的产品口碑，也可以加快在朋友圈的传播推广。

对于从事微电商的个人来说，也应该重视品牌的影响力。要做微电商，可以先做达人，卖一些自己喜欢的东西或者自己了解的东西，在销售的过程中要做到诚信，这才是做好微电商应该遵循的法则。目前微电商经营的主要是美妆、女装及母婴产品。微电商最初都是选择自己了解的行业或领域作为通道进入微电商领域，这样的方式不仅使之经营得得心应手，同时更容易获得成功。

此外，产品口碑也可以帮助商家在微电商方面实现更多的突破。产品如果没有积累良好的口碑，就不可突破微信流量。消费者只有获得比较好的消费者体验，才有可能将产品的信息在朋友圈中进行转发和传播，从而依靠口碑带动朋友圈的其他好友进行转发和传播，在这个传播过程中能够为商家带来非常大的流量，因此说要实现朋友圈流量的突破，关键就在于产品要有良好的口碑。

美国口碑营销协会协会在对口碑传播进行研究的过程中发现：产品的口碑积累有 80% 来自于线下，还有 11% 的口碑是依靠 IM 即时通信工具积累起来的，剩余的口碑都是依靠 Blog、BBS、SNS 等社会化网络媒体平台。微电商的目标客户群都是商家忠实的客户以及线下的熟人，商家可以通过他们传播自己的好口碑，扩大影响力，从而为微电商引流。

在微电商的产品、人群和营销模式的定位方面，专家认为只要能针对人群进行细分和深度定制，引进优质的粉丝，就能够促进微电商以更快的速度发展和成长。

在互联网时代，产品口碑的传播也会受到消费者关系强度、信任强度、风险高低、产品涉入程度以及专业性等因素的影响。关系强度和信任强度的高低会直接影响消费者之间进行口碑传播的效率和质量，关系越近、信任强度越高，口碑传播的效率和质量也就越高，反之则越低。在口碑传播的过程中，弱关系会促进口碑传播的发生，而强关系则会直接让消费者产生购买行为。就拿微博和微信来说，微博属于弱关系性的社交媒体，而微信属于强关系性的社交媒体，他们在进行口碑传播的效果上肯定是微信要强于微博。

网络为人们打造了一个虚拟空间，在这种虚拟的环境中进行口碑传播，本身风险就比较高，会对口碑传播带来一定的影响。

产品涉入程度是衡量一款产品对消费者而言是否重要的标准，可以从两个维度进行判断，一个是产品的经济价值对消费者的重要程度，另一个则是产品的地位是否符合消费者所能认同的风险。如果产品的经济价值对消费者来说比较重要，或者是消费者要购买汽车、住房、服装等对生活有重要价值的产品，那么消费者的涉入程度就比较高，他们会更乐意主动去搜寻一些产品的相关信息，从而做出自己最满意的购买决策，同时他们在对已经购买的商品进行口碑传播的过程中也会将产品的信息表达得更准确。

传播者是否专业也会影响口碑传播的效率和效果。一个专业领域中的权威结论会对普通消费者产生巨大的影响力。这一点在口碑传播中也同样适用，比如同一款牙膏，一个专业的牙科专家和普通的消费者进行口碑传播的效果肯定不同。

社会化分销将成微电商主流，“分享＋推荐”打造产品口碑

2014 年中国移动电子商务市场呈现出爆发式增长的趋势，这让移动电商的前景也被普遍被看好。在这种局势下，微电商平台的壮大可谓正合时宜，不少商家在看好移动电子商务市场的同时，开始纷纷进军微电商领域，如图 2-2 所示。

作为国内传统电商的鼻祖，淘宝不可避免地会被人们拿出来与发展势头正猛的微电商进行比较。其实，淘宝和微电商的模式有较大区别，淘宝是点对面

的模式，而微电商是点对点的模式。微电商是以社交化的方式促成交易，可以说是先人、后产品，而这样的情况也就使个性化的、带有一些情怀的商品更加容易卖。

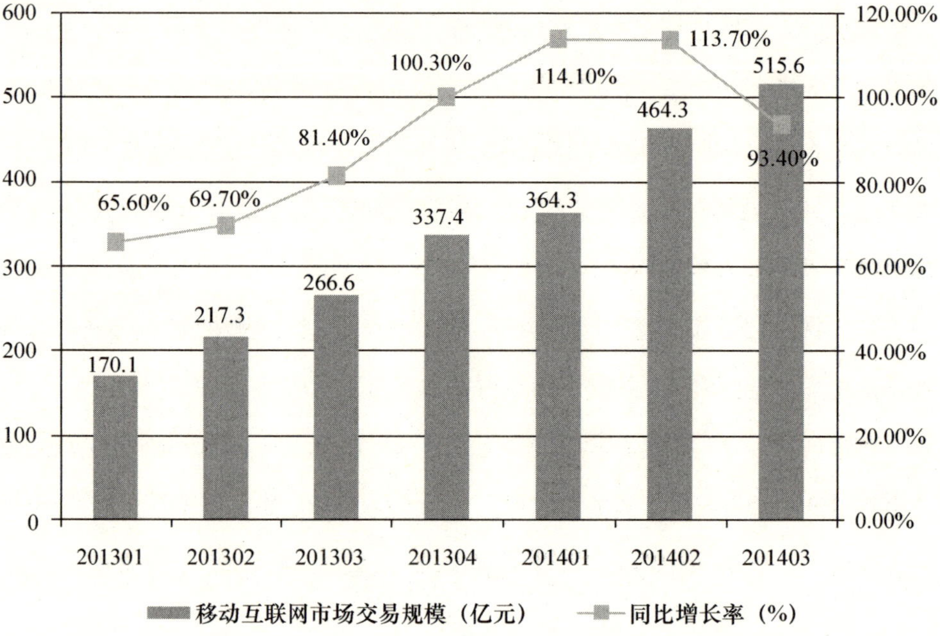

图 2-2 201301—201403 中国移动互联网市场规模

然而，微电商随着不断的发展，弊端也很快呈现出来，“传销”“骗财”成了朋友圈给微电商贴的最多的两个标签，这让微电商一时陷入了千夫所指之境。微电商在一夜爆红之后，让人有了一种“眼见他起高楼，眼见他宴宾客，眼见他楼塌了”之感。而微电商之战并没有就此偃旗息鼓，第三方平台出面再次扛起了微电商的大旗，如微盟、口袋购物、口袋等纷纷上线分销平台，让微电商又进入了“千商大战”的局面。可以预见，在未来微电商在爆发的同时也必然会迎来全面洗牌，而社会化分销将成为其最大的发展趋势。

1．微电商为什么能在朋友圈肆无忌惮？

（1）门槛低，投入小

微电商这种新兴互联网营销方式的显著特点是门槛低、投入小、传播范围广。其参与者的很大一部分都是在各行各业中想额外兼职做点生意，或者有一些资源想拿来出售的个体，他们不愿尝试全职创业、实体性创业，也没有太多资本可以投入。而微电商正好满足了这部分人的需要，他们不需要花费任何推广资金，只需要不断变换 ID 和加人。

（2）微信的放任自流

一直以来，微信对朋友圈微电商的态度都是放任自流，除非一些行为严重触犯了行业底线或法律，微信才会出手干涉。对于刷屏、代购等行为也缺乏全面的管控机制，微信基本上是“睁一只眼闭一只眼”。

（3）朋友圈是最好的营销基地

微信朋友圈坐拥 8 亿消费者，是比微博更好的营销渠道，而且微信与微博不同，其朋友圈建立的是比较坚实的关系链，朋友之间的信任度也比微博上高，营销中的一对一传播也更有针对性。

2．乱象的背后必然迎来洗牌

微电商市场目前呈现出来的各种乱象，也是有目共睹的。有一些品牌商夹杂其中，在微电商市场展开低价倾销。先是大肆招募小代理商、小商家，然后小商家通过虚假的交易记录、好评记录、聊天记录等信息大肆推销给买家。品牌商试图躲藏在众多代理商、小商家的背后，逃避售后责任以及法律风险，将一些假货或残次品以代购、尾货等名义倾销出去。

这些行为无疑都严重侵害了我们的朋友圈、网络社交圈。产品出现问题、需要供货商承担责任时，供货商就消失得无影无踪了，不但买家的权利得不到保障，连小代理商、小商家的权益也无法得到保护。

微电商几乎可以说是一个在裸奔中的商业模式，责任归属、信用保障、售后服务等都无从谈起。微电商是一把锋利的双刃剑，用得好可能会缔造一个服务大众的新型电商系统，用得不好则会造就蔓延在网络社交圈中的巨大毒瘤。而就目前来看，C2C 的微电商已经被侵蚀，前景岌岌可危。在乱象背后，微电商平台却在悄悄崛起，在大洗牌中分销商城有望迎来大爆发。

3. 微电商走向社会化分销

在微电商现出没落之势时，微电商们又将目光投向了分销。社会化分销的微电商以以下三类为主：

（1）拍拍微店，从腾讯嫁接而来先由京东掌舵；

（2）由导购类吸引巨大投资的口袋购物；

（3）微信第三方服务平台。

从盈利模式方面来说，业界目前比较赞同的社会化分销模式是：在一个垂直领域内，把具有相同爱好、兴趣、审美情趣的人群聚集在一起，展开产品的推荐、评论和分享。商品链接从外部的电商网站而来，而社区自身则通过访客点击购买、广告展示等方式获得分成。在社区内，消费者之间可以相互讨论、推荐和分享产品；商家在为消费者提供讨论的同时，也能找到定位精准的消费者。

这种社会化分销一般有两大特点：分享和推荐。

（1）分享

移动社交电商领域，分享必定会成为其最大的盈利模式之一。如一些行业达人、知名“大V”（指在新浪、腾讯、网易等微博平台上获得个人认证、拥有众多粉丝的微博消费者），他们一般具有较大的影响力，而且在某个领域又有深耕，可能一个点赞、一个分享都能引来很多粉丝的关注和围观。通过他们的推荐或评论，粉丝能够迅速对产品产生好感和信任度，进而将这些好感与信任都转化为购买力。

（2）推荐

为什么在网络购物中，推荐变得越来越重要？因为随着科技的发展，人们购物方式与场景的变化，基于PC、移动的搜索已经不那么被消费者信任了，而来自身边朋友的推荐更容易被信任和接受。这种信任通过“加好友”“转发”“推荐”“兴趣小组”等方式，可以一直持续下去，进而转化为更多的购买力。

不管是分享还是推荐，都体现出了一点：口碑营销已经从线下走向了线上。也许在未来的人人微电商时代，一家独大的电商格局终将被打破。

微电商市场冰火两重天，创业者怎么做才能避免“传销化”？

2014年，微电商已经初具规模，经历了野蛮的生长和工具化，进入了行业整合时期。这个时候，早期进入的先驱已经攫取了行业第一桶金发家致富了，后期进入的人已经埋葬在了各种刷钱APP、群发软件、暴利刷屏现象层出不穷的混乱市场中，原本被寄予很高期望的微电商还没有成为传统电商颠覆者，就出现了“传销化”的乱象。

对于这样的微电商市场，不仅国家会出台相关的政策法规和监管机制，微信等相关平台也不会坐视不管，彼时，借此创业的商家们将如履薄冰。如何远离传销的方向，回到健康发展的轨道，是商家面临的紧迫问题。

1．什么是传销？

传销就是通过不断地发展下线，依靠收取高额会费来牟取暴利的非法行为。一般来说，发展的下线越多，传销者得到的提成就越多。传销不但对我国社会经济秩序造成了严重的破坏，还影响社会安定团结，容易引发社会骚乱，危害巨大，是我国法律明文规定的违法活动。

传销的本质其实是通过发展下线这种行为来实现财务的非法转移，传销活动并不能创造价值，而且传销组织对参与者本身及其家庭造成了难以挽回的伤害，引发了严重的社会问题。而且传销的下线发展通常是由亲朋好友开始，骗取最熟悉的人群，像滚雪球一样层层发展壮大，有些人被骗入传销团伙后不愿意同流合污而出逃无门，导致了很多悲剧的产生。

2．微电商为何容易走向传销

（1）熟人社交容易下手

微信等平台的天然社交属性，决定了消费者都是由亲朋好友组成，不是亲人、同学、同事，就是知交好友，不然就是生意伙伴，都是珍贵的人脉资源，彼此之间都有基本的信任。将这些人发展成下线，比线下发展来得更容易。

（2）行业进入门槛低

微信等平台的操作简便快捷，没有复杂的技术，而且消息发布迅速，做广告不需要资金投入；只要有移动网络，有智能手机，就可以进行微电商交易，几乎是零门槛。正因为门槛太低，所以吸引了大量的低素质从业者，有人就把主意打到了传销上。

（3）传播效率快

互联网的传播效率是其他任何工具都无法匹敌的，尤其在社交平台更是如此。在微信等平台，每个人都有自己的社交圈子，不管是朋友圈、同学圈还是亲戚圈，都是关系亲密的熟人群体，这样的群体传播效应非常之大，是进行传销活动的理想工具。

（4）真空地带，缺乏监管

与传统经济形态相比，互联网行业一直面临着监管漏洞以及查处困难。对于自由开放的微信平台更是如此，一个 ID 被查处了，经营者再换个名字就可以继续开张。另外，互联网商业活动不受地域限制，因而如果在微信平台上开展营销活动，往往是全国性甚至全球性的案件，而受限于地域管辖，各地的工商部门只能查处发生在本辖区内的传销行为。

3．微电商怎么做才能避免“传销化”？

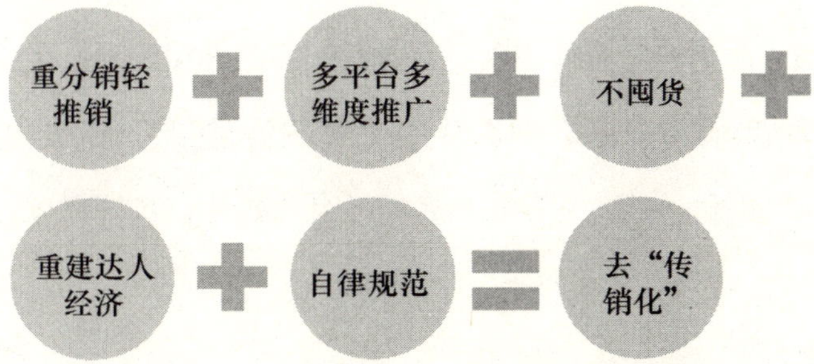

图 2-3 微电商避免“传销化”的途径

（1）重分销轻推销

现在的微信朋友圈内，各种小广告已经满天飞，几乎每个圈子里都有那么几个人在长期不懈地刷屏，让人不胜其烦。而且，这种急功近利、简单粗暴的推销方式严重破坏了正常的商业秩序。

如果依靠这种方式，微电商一定会在初期疯狂的增长之后迅速没落。想要健康长久的发展，微电商必须摆脱这种粗暴的刷屏，在实体商业社会被证明行之有效的分销也可以解决微电商的难题。

在现代经济学中，分销就是建立销售渠道，由处于渠道起点的制造商、处于渠道终点的消费者、处于二者之间的中间商和代理商共同构成。在传统零售行业，分销是实现其变革的有效方式；在微电商市场，分销也可以成为有效的工具。品牌商可以为不同的分销商分配不同的后台，各分销商通过自己的后台管理粉丝与订单，以此解决供货商和分销商之间的利益分成，真正实现 O2O 商业生态。目前，口袋购物、京东微店、微盟等比较大的微电商已经开启了分销大战。

（2）多平台多维度推广

尽管坐拥其他平台无法比拟的庞大消费者规模，但是微信平台是一个封闭性的应用，这就决定了微信只能成为一个消费者沉淀平台，微电商想要发展壮大，就不能只局限于此平台，必须争取多渠道流量的聚合和分享。在这个移动互联时代，消费者的购物越来越碎片化，可供选择的渠道也越来越多，无论是微信、微博，还是 QQ 空间，都是聚集消费者的社会化媒体，它们都有可能让微电商大展拳脚。

（3）不囤货

在传统零售领域和电商行业，囤货都是一种不健康的商业现象，但是有些微电商把囤货当成了暴富的工具，错误地认为囤货能够带来生意的迅速壮大。越囤货，就越要迅速出货，于是这些人疯狂地在朋友圈中推销，发展下线，这种行为将严重损害朋友之间的信任，破坏了自己的社交网络，生意也终将消亡。

（4）重建达人经济

在移动互联时代，随着社交化电商一起兴起的粉丝经济中有一个词汇叫做“达人推荐”。这些达人往往有很高的影响力和公信力，他们的社交账户拥有少则上千、多则数万的粉丝规模。他们推荐的商品或服务往往会获得众粉丝的跟风尝试，因而这些达人只要在微信平台推荐自己认可的产品，就能够轻松获得高额的销量。无论是明星达人、自媒体达人，还是草根达人，都可以通过这种方式来实现变现。

（5）自律规范

任何一种商业形态的长久发展，必然要以自律规范作为前提，而自由公开的微电商更是如此。从业人员必须严格遵守相关法律法规和行业规范，确保诚信公平的交易，保证消费者的合法权益，杜绝虚假宣传，坚决抵制欺诈、传销等违法行为。

如果将微电商看作移动电商的雏形，按照传统电商的发展路子，在微电商发展的下一个阶段，由团队运营的或者平台化的微电商将会迎来一轮疯狂的发展。随着监管机制和政策的完善，微电商的形态将逐渐发展成熟，届时微电商时代将全面开启。

从“暴利”走向“微利”，企业如何构筑完美的微营销？

近些年来，各种各样的投资热潮涌入了人们的视线中，房地产热、汽车热、手机热……而每一股投资热潮的掀起，都与企业和投资者们的热情有着密切的关系，但是随着投资项目的成熟和发展，在这个投资领域的竞争愈演愈烈，又有多少企业可以笑到最后呢？又有多少品牌和企业沦为这场战争的牺牲品呢？

从一次次惨痛的经验教训中，人们得出：在一个刚刚兴起的产业中，商品供不应求，市场处于卖方市场，企业会有很高的利润空间。但是当这个产业被更多的人发掘，企业数量呈现井喷式增长的时候，商品的供需状况就发生了转变，行业竞争越来越激烈。为了能迅速地打击对手，企业一般都会选择降低商品的价格。如此一来，商品的价格就会越来越低，利润空间也会越来越小，企业的盈利水平也会直线下降。随着经济的全球化，知识经济和网络技术的兴起和发展，无疑为企业的经营带来了更大的负担。

一个个企业从暴利走向微利，再从微利走向亏损，最终被市场淘汰。企业开始迎来有史以来最残酷的淘汰法则，一个又一个曾经光鲜亮丽的企业前赴后继地倒在了微利竞争的道路上。这一切都在向世人昭示——微利时代已经到来，高利润时代已然成为过去。

微利时代是目前一种约定俗成的叫法，“微利”二字揭示了经济生活的真实面貌，也是一个行业成熟的重要表现。不管是企业还是产业都会经历从高利润到平均利润，再到微利时代的发展历程。因此在这种状况下，每个企业家都梦想能发现一个蓝海产业，然而每一个蓝海产业被挖掘出来之后会迅速被抹红。蓝海只是昙花一现，而微利才是企业在经营中面临的真实状况。在微利时代没有高利润的回报，没有大制作的广告，也没有高额的明星代言，那么企业在微利时代应该怎样进行营销推广呢？于是低成本、高性价比的微营销就成了企业在微利时代的不二法宝。

1．微博：提升品牌影响，推动粉丝互动

微博发展至今已经成为一种相对比较成熟的媒体，蕴藏着巨大的商业价值。在微博被炒得火热的同时，也诞生了一种新型的营销方式——微博营销。有许

多知名的企业已经开始大胆尝试微博营销，比如沱牌舍得酒业在新浪、网易等知名微博上建立了自己的企业微博，时时更新微博信息，同时也会将企业开展的各项活动发布在微博上，吸引了众多网友的关注，扩大了品牌的影响范围，提升了品牌的知名度，同时也为企业注入了更多新鲜活力。

图 2-4　微博营销

随着人们生活和工作节奏的加快，冗长的著作和观点已经逐渐适应不了人们快节奏的生活，一些短小精悍的文章和信息反而更受人们的欢迎，而微博在这一形势的转变中发挥了重要的作用。因此，利用微博做好营销推广是企业在新时代脱颖而出的重要手段。微博自身就带有即时性、便捷性、沟通性等功能，只需要一部能上网的手机，不管什么时间、什么地点，消费者之间都可以随心所欲地进行沟通和交流。

微博的传播范围比较广，只用简单的140个字，就可以将信息传送到世界各地。关注企业的微博粉丝可以获悉企业发布的各种信息。微博具有互动性强的特点，通过微博平台，企业可以与网友进行及时的互动和沟通，把握市场动态和消费者的需求变化。利用微博做营销，成本也比较低。只要有专人对微博进行操作更新并对网友的疑惑及时答复，就可以获得投入高成本进行大量广告投放相同的推广效果。

企业要利用微博做营销，当然离不开粉丝的大力支持。微博拥有的粉丝数量将影响微博的辐射面、浏览率和关注度。大多数刚入门微博营销的企业都会遇到粉丝少的问题，为了增加粉丝数量，提高微博的关注度，大多数企业在做微博营销初期都选择买粉丝，并且初期也获得了不错的成效，但是如果企业在做微博营销的中后期依然选择这样的方式来提高关注度，那不得不说是失败的。企业应该敞开真心与粉丝进行互动和沟通，从而让他们建立对品牌和企业的信任感。只有让粉丝钟情于企业和品牌，他们才愿意为你做免费宣传，同时也可以带来更多的粉丝。

2．微信：传递消费信息，管理客户资源

当微博兴起的时候，腾讯也将微信带进了人们的生活，并凭借其免费的应用程序，跨通信运营商、跨操作系统的操作迅速赢得了人们的广泛关注，迄今为止已经拥有了超过8亿的消费者。

微信营销是企业在移动互联网时代开创的一种新型的营销模式，是伴随微信的火热而逐渐成长起来的。微信摆脱了距离的限制，使用微信的消费者可以

与周围的消费者形成一种联系。消费者可以在微信上订阅自己感兴趣的内容，商家可以利用微信平台向消费者推送相关的商品信息。与传统营销方式相比，这种点对点的营销方式更精准和有效。

过去，经销商都是给消费者发名片，而现在消费者只要扫描名片上的二维码就可以关注经销商，成为销售员中的一员，并在平台上实现“一键式”的产品销售流程。

第一步：消费者在扫描二维码后，会在微信平台上自动完成注册，成为经销商的一名销售人员并与经销商建立联系。

第二步：销售人员可以利用微信平台了解商家的实时报价和最新的优惠信息，同时将这些内容推送给消费者。如果消费者有需要的话，销售人员可以直接通过微信下单；订单会直接进入供应链系统并将信息传递给相应的经销商，完成订货。

第三步：成功核销订单后，完成整个交易流程，同时销售人员会获得相应的返利。

从销售人员下订单到经销商安排送货只需要 5 分钟就可以完成。利用微信系统下单，大大提高了工作效率，也使得每笔订单有了详细的记录。如果出现问题，可以及时通过订单信息进行查询。完成核销以后，经销商会返利给销售人员。这样不仅简化了工作流程，缩短了订单的处理周期，同时也可以让销售人员清楚地看到自己的提成情况，提高销售人员的销售热情，同时也可以避免出现一些纠纷。

微信的推出代表着一种全新的媒体形式横空出世，并陆续实施了一系列举措：开通公众账号，开放平台，推出会员卡、提供二维码服务、开通财付通、推出微信支付等功能，从此微信平台整合了消费者端和商家端的资源，形成一条包含完整消费流程的 O2O 闭环，为电商企业的发展创造了条件。微信公众平台的推出改变了传统的点对点的移动通信模式，围绕企业形成了自媒体平台，可以帮助企业管理客户资源和传播企业的信息。许多企业利用微信公众平台将各种促销活动和优惠信息进行广泛传播，可以直达每个客户的移动终端，不仅节省了巨额的广告费，还将信息传递给有用的客户，提升了信息传播的效果。

3．微电商：展示企业形象，发展电商业务

或许在刚有人提出微博电商化的时候，很多人还将其当做一种美好的幻想。但是，当淘宝收购新浪微博的股份在微博上开起了微电商，好乐买在腾讯上开始尝试“微卖场”，甚至于有许多企业已经开始在新浪微博上卖手机、卖汽车……人们不禁惊呼，原本美好的幻想已经变成了现实，并为人们的生活带来了便利。

微电商的出现推动企业营销走向了一个全新的时代，微电商也已经成为电商领域中一股力量最为强大的新商业模式。对于电子商务而言，流量就是它的重要命脉，而微博自身拥有的庞大消费者群就紧紧抓住了这一要害。

在企业看来，拥有真实的流量就等于拥有电商的重要客源，也就是说真实的流量能够为企业带来真金白银，因此如何获取流量就变成企业在经营电商的过程中首要考虑的问题。投放大量的广告和 SEM（搜索引擎营销），需要巨额资金的投入，而选择使用 SEO、论坛、博客等方式进行推广营销，见效比较慢、周期比较长、转化率比较低。而微博的出现为许多企业提供了一个海量的流量入口，同时使用微博平台进行营销推广不需要投入大量的广告成本，见效也比较快。微博拥有庞大的消费者群，占到了中国网民的一半，每一条微博都有可能成为一个流量入口。有机构预测微博将成为百度在流量占有上有力的竞争对手，会为微电商和微经济的发展提供巨大的推力。

如果电商企业在做微博营销的过程中将注意力主要放在提高粉丝量和转发量上面的话，那么在未来的竞争中必将处于下风。因为已经有越来越多的电商企业将重点放在利用微博平台提升自身的UV（独立访客量）、PV（页面访问量），以及ROI（投资回报率）上了。

从淘宝收购新浪微博的股份，就可以看出微博已经不再停留在那个信息获取、分享的阶段，而是商家进行市场营销的一个重要武器。与电商相比，微电商追求的是小而美，不仅拥有更加丰富的功能和更大的特点，还可以为企业提供品牌宣传、销售交易、渠道管理、客户服务等服务。毫不夸张地说，谁能利用好微电商，谁就能在未来的竞争中占领电商领域的战略高地。

微电商已经成为电商领域的一种新形态。微电商面向的客户群非常重视品牌的口碑效应。他们都是比较年轻的消费群体，追求比较高的生活品质，容易接受新鲜的事物，同时也比较关注社会热点，与时俱进性更强。在微电商领域，有企业利用微博推广电商，还有一些电商企业将微博、微信当做主要的流量来源。以快书包的发展为例，快书包利用新浪微博迅速地成长起来。快书包在新浪微博平台上推出了私信订单、晒单有奖等活动，同时还利用微博人群的特点创造了更多有趣的话题和活动。

微信还推出了微购物的功能，相当于手机上的App商城。消费者使用这个功能可以直接下单购买，简化了购物历程，为消费者提供了更多的便利，因而吸引了众多企业的进驻，同时这也被称为在公共账号基础上形成的“老客户电商平台”。之所以这样说，是因为消费者在关注企业微信号的时候一般是通过微博、线下二维码推荐等方式，消费者关注后就可以在微信号中体验购物，这一部分消费者就相当于企业的老消费者，他们都是品牌或企业的忠实粉丝。与其他消费者相比，他们与品牌和企业的黏性更强，也会产生更强的购买力。企业在发展微电商的过程中应该对这一部分重要的力量引起高度的重视，只有吸引并留住他们，才能促进电商平台的持续发展。

4．微社区：促进消费者体验，拉动实体销售

无论电商的势力有多强大，也无论电商未来的发展潜力有多大，实体店依然有其存在的意义和价值，并且不会在市场经济中消失。虽然近些年来网络营销一直是一种炙手可热的营销方式，但是有专家认为这并不意味着传统的营销方式就会被完全淘汰。从某种程度上来讲，网络营销与传统营销更多的是一种融合的状态。因此，未来微电商与微社区的融合会是大势所趋，而目前微社区也在与网络营销进行相关的整合。

从网络营销的推广角度上来讲，除了线上的推广之外，还应该包括线下的推介。有许多网站依然没有意识到线下社区推介的重要性，而某些行业和专业的网站，他们已经非常重视线下社区的推介，并且也带来了不错的效果。策划一个比较成功的线下推介活动不仅可以在短时间内将目标客户群聚集起来，同时消费者与商家，以及消费者与消费者之间也可以建立比较亲密的连接。此外，还可以提升社会舆论对网站的关注度，促进网站影响力的扩散，提升网站的人气，拓展更多的营销渠道。只有能够具备聚集消费者、提升网站人气、扩大传播范围、吸引客户、吸纳消费、开拓渠道等功能的线下社区推介活动才可以称得上是成功的范例。

线上微电商与线下的微社区并不是孤立存在的，线下活动的成功离不开线上积累的品牌影响力。如果一个网站拥有了比较强大的线上影响力，就可以适时发挥其优势举办线下活动。其具备的优势包括品牌具有较高的影响力、与目标客户建立了比较紧密的联系、对市场有比较熟悉的认知等。即便在多数情况

下，线上不能带来直接的盈利也没有关系，因为线上的影响力属于一种无形的资产，可以推动线下活动的开展，不仅可以提升品牌的影响力、知名度，加强与客户之间的联系，同时也可以带来一笔可观的收益，这未尝不可当做网站盈利的一种模式。

目前在市场上存在各种各样的营销方式，并且营销方式的创新也一直没有停止过。一旦出现新生事物，营销也会以一种更加丰富的形式和全新的面貌出现在世人眼中。不管是传统的营销方式还是新兴的营销方式，总有一种能获得企业的青睐，而不同的企业也会选择不同的营销方式。在微利时代，传统电商已经逐渐走向衰弱，而微营销将以一种全新的姿态出现在公众视野中，将成为推动电商改革传统走向光明的重要力量。应该如何具体操作，如何成就微营销经营大业？每个行业和每个企业都应该慎重思考，在微利时代谱写最华美的乐章。

【商业案例】节日促销：把握营销的重要节点，让消费者“跟着感觉走”

每逢节日之际，不管是中国传统的节日，还是情人节、圣诞节等所谓的洋节，商家必定会开展一轮轮的营销活动，节日气氛也因为各商家的促销活动而失去了本来颜色。那么对微电商来说，应该如何把握节日营销的重要节点呢？

1．微电商节日促销之前期准备

随着互联网和移动互联网的发展，消费者成为消费市场的主角，消费者在消费的过程中越来越崇尚“感觉消费”。“感觉消费”时代的到来也预示着消费者的消费习惯发生了巨大的变化。

微电商在利用节日气氛开展营销活动之前，首先要明确促销活动的信息传播给谁、何时传播、怎样传播等问题，并做好前期的准备工作。具体来讲可以分为以下几点，如图 2-5 所示。

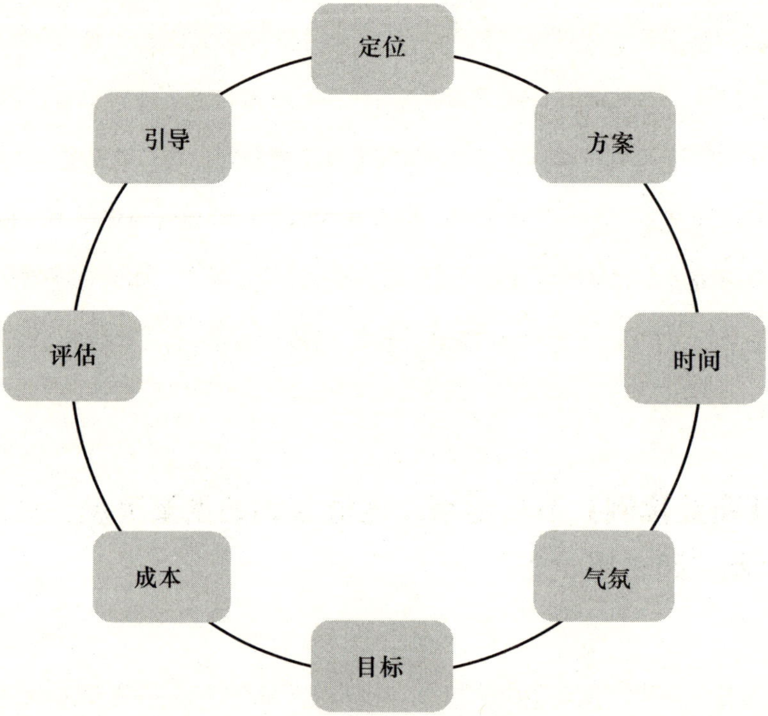

图 2-5 微电商节日促销的前期准备

（1）要准确定位，制定鲜明的主题。要搞清楚开展促销活动是为了传播品牌形象还是现实的售卖。

（2）制定最佳的促销方案。在活动开始之前除了要有一个周密的计划和合理的人员安排之外，还需要有一个最佳的活动方案。方案不仅要明确地反映活动的主题，还要能充分调动员工的积极性。此外，对相关的促销人员也要进行微信促销方案的培训，保证微电商促销的顺利进行。

（3）确定促销的时间。促销时间的选择也是影响促销活动效果的一个重要因素。一般情况下要比竞争对手早三天进行，可以抢占先机。

（4）要营造良好的促销现场气氛。微电商的促销广告和活动现场要足够吸引消费者的眼球，从而刺激他们产生购买欲望。

（5）制定合理的销售目标和激励方案。微电商在搞促销活动的时候要让消费者感到明显的实惠，让消费者感到实惠越多，促销活动成功的概率就越大。

（6）要尽可能地控制促销活动的成本。在做促销之前一定要做好预算，这样才能保证在不亏损的情况下实现最大限度的让利。

（7）促销完成后要做好评估总结工作，为下一次活动的开展积累经验。

（8）要做好消费者的引导工作。实体店因为有固定的店面，只要消费者进入店铺就可以浏览所有的商品；而微电商没有实体店面，如果不能做好对消费者的引导工作，就可能会使大量的客户流失。

中国节日形式多样，微电商家也有了更多借助节日噱头开展促销活动的机会，但不管怎样只要在节日促销活动中以消费者为中心，就可以挖掘到更大的价值。

2．微电商节日促销之气氛营造

节日期间搞促销活动有两个目的：一个是处理季节性的产品，另一个就是推广传播品牌形象。微电商的品牌形象主要表现在店铺装修和商品的包装上。

（1）店铺装修要体现节日气氛。微电商在进行店铺装修的时候可以在招牌、导航、促销区以及商品描述的模板中融入节日元素。如中秋节促销活动，可以在店铺中添加月亮、嫦娥、月饼等元素。

（2）在店铺的招牌上加上祝福语。新颖的祝福语，不仅可以提升店铺的访问量，也可以让进入微网站的每一位消费者体会到一种亲切感。

（3）开辟丰富的传播渠道，让更多的消费者了解到店铺的促销活动，为微电商营造一个良好的促销氛围。可以在店铺的招牌和导航条上加上“促销”字样或者具体的优惠措施。但是如果促销措施比较复杂就不能放在招牌上，以免影响店铺的整体视觉效果。旺铺在每件商品的页面都可以显示招牌、导航以及相应的促销信息，充分利用店铺的每一个区域。

3．微电商节日促销之最佳让利点

商家进行促销活动最终的目的都是促进销售，获得一定的利润回报。商家只有把握好消费者的需求，才能达到促销目的。

如果在节日期间去商场，满目都是各种各样的促销活动，比如买多少送多少、消费满多少送礼品、打折销售等，每个商家都在利用节日的重要节点大搞促销，微电商也是如此。

打折、返利等促销手段并不是一种长久之计。虽然促销的目的是为了促进销售，但是促销的对象是消费者。如果在节日期间大打折扣战，就可能失去在打折活动开展之前的老顾客。因而促销活动应该重点关注老顾客，让他们享受到更多的实惠，从而提高重复购买率。

营销专家普遍认为，在节日期间将有限的资金投入到促销活动中是一种比较明智的做法。但是如果促销活动过分强调降价打折，会对企业的品牌形象带来一定的负面影响，从而影响企业日后的销售。因此微电商家在进行节日促销的时候可以更多地用增加产品的附加值和增值服务的方式来替代单纯的降价打折，这样既可以利用节日促销提升短期的销量，同时也不会影响企业的品牌形象，造成老顾客的流失。

许多商家推出了消费返利的促销方式，根据不同的消费金额送出相应的红包，这也是打折方式的一种。微电商可以在节日期间启动让利工程。让利也有很多模式，比如说可以让已经购买的老顾客通过参与转盘活动，获得相应的让利方案，也可以直接在促销款的商品上标出具体的让利方案。实行巧妙的捆绑销售也是一种让利方案，在进行促销活动之前可以根据促销款的风格做成一系列的捆绑组合。让利的目的也是吸引消费者，提升销量，但是在做好让利促销之前应该做好预算工作，以防因让利损害企业的利益。

有的商家采用变相折扣的促销方式，即不直接降价，但是让消费者得到实惠，如以下几种方式。

（1）多买多送的方案。买二送一、买 100 送 20 等，这种促销方式使商家降低了利润，但是这种让利可以让囤积的库存销售出去，可以为商家增加流动资金，为下一步的发展提供资金支撑。

（2）组合销售。如很多淘宝商家推出的套餐销售方式，在减少库存的同时也可以提升销量。

（3）加量不加价。可以在原有产品的基础上为产品加量，以薯片为例，可以增加产品的净重但是价格不变，通过这种方式让消费者得到实惠。

4. 微电商节日促销之数据跟踪

微电商家应该如何查看促销效果呢？可以参考两类数据做。一类是网站的浏览量和商品的销量。对于这方面的数据要进行横向和纵向的比较。横向比较即与竞争对手的浏览量和销量进行比较，纵向比较就是与店铺以往的浏览量和销量进行比较。

另一类是消费者的反馈。要多方面获取消费者的需求和对促销活动的满意度，并对促销活动进行有效的调整。

5．微电商节日促销之效果评估和方案修正

促销活动结束之后并不代表整个促销流程就结束了，还要进行最后关键一步，即对促销效果进行评估以及修正促销方案，从而为下一次的促销活动总结经验教训。

促销活动在开展之前并不能确定是否可行，因而在促销活动的执行期间商家就有必要对活动效果进行评估。如果在评估的过程中发现实际的效果与预期的目标差别比较大，应该及时查找原因，并根据实际情况制定新的促销策略。效果评估环节应该贯穿于整个促销活动中。

再战微电商

Part 3

社群电商：让社群赋予电商生命力

以人群特征作为切入点，把商品卖给“贴着标签”的人

自从人类的历史出现物物交换，商品流通就与人们的生产、生活联系在一起。进入互联网时代以后，商品流通也有了不同的形态，并与水、电、煤一样共同成为了人们生活所需的基础设施，另外，也衍生出了新的投资契机。

人们的生活需求离不开衣食住行这一点是不变的，不同的则是在不同的时代，我们应如何围绕人们的需求点，紧跟时代的步伐，表现出明显的竞争优势。随着互联网的发展和电子商务的进化，电商平台和以品类作为切入点的垂直电商的同质化程度已经愈来愈高，留给新的创业者的机会也已经相当有限。而眼下，另外一种具有新的内容和服务组织形式的电商则更吸引人们的眼球，这就是社群电商。

关于社群电商，并没有一个统一的定义。要精准地把握社群电商，应该从两个方面理解：

其一，社群电商与传统电商的相同点在于，都是从一个品类切入；

其二，社群电商与传统电商的不同点在于，从SKU的设计到内容传播的方式，社群电商都以人群特征跟喜好作为切入点，在运营的各个环节都会针对某一类人。

虽然第二点看上去十分简单，但真正能够贯彻，并将这种理念发挥到极致，形成自己的产品战略的电商却寥寥可数。虽然所有 25 岁左右的女性都可以被归为一类，但她们的具体需求是完全一 样的吗？

要做真正的社群电商，就应该形成一种认知和态度，而你的认知和态度会自动地形成一个“标签”，人群中“贴着标签”的那一类人就是你的消费者，消费者基础将决定你产品运用的整个过程。

不管是传统零售时代，还是电子商务时代，要从事大众消费品行业，除了应该具有基本的战略思维、把握时代脉搏外，还应该对当下社会的结构具有一定的了解和把握。

随着经济的发展和文化交流的增多，我国的年轻人对其他国家的文化和饮食也普遍具有一些偏好，如西餐、韩国和日本料理等。但由于工作繁忙等原因，他们并不能经常像父母辈或祖辈们那样去菜市场买菜，一次买多又容易造成浪费。

针对这一类人群的需求，新味（Xinwei Cook）应运而生。新味的定位是一个经营半成品生鲜的电商。也就是说，消费者在平台商选择了自己想尝试的菜品后，新味帮消费者把具有专业要求的配菜、繁琐的买菜、洗菜、切菜等环节全部包揽，消费者收到的“ready to cook”状态的材料，最后，只需要根据平台的引导就可以做出堪比星级酒店的美味了。

近两年，生鲜电商的热度越来越高，包括顺丰在内的几大企业都在此细分电商领域跑马圈地。但是，生鲜的消费者究竟是怎样一群人呢？

首先，不太可能是已经习惯了逛菜市场的大爷大妈。对他们来说，菜市场的食材更新鲜、可供挑选，而且他们基本也没有养成线上购物的习惯。其次，在年轻的群体当中，也不是所有人都容易接纳生鲜电商，由于运输以及品类等问题，这种平台之上的食材价格会比较高。所以，中高收入水平的个人或者家庭成员少于4人的家庭，就成为生鲜电商的主要消费者群体，对他们来说，周末或晚上的时候使用精心挑选的食材享受一番，也是一件充满幸福感的事。

在生鲜电商平台当中，大部分平台所做的事，是将精选的原始食材呈现在平台商供消费者挑选。例如，从日本进口的1kg牛肉或者龙虾。虽然这样能够帮助消费者解决一部分寻找食材的问题，但很多消费者想要的并非仅限于此。

因此，新味的工作边更进了一步，将一道菜所需要的食材和调味品都处理好，消费者拿到后，直接开火烹调就可以了。新味的CEO葛伊能这样说道："如果菜谱里需要半个洋葱，那新味的食材包里就会准备半个容易切的洋葱。不需要买菜，不担心买错，也不怕菜买得太多用不完。我们真正做到了健康环保地做菜。"

当别的生鲜电商平台都将精力用在运输的成本和物流问题上时，新味却另辟蹊径，在生鲜电商领域获得了一定的市场份额。

而且，相对较高的客单价和消耗方式，不仅没有给新味的运营带来成本压力，反而使得其供应链能够良好运转：2014年3月，新味正式上线；2014年6月，北京、广州、深圳等15个城市均已实现"次日送达"。按照我们的经验，生鲜电商的扩张需要通过规模效应摊薄物流成本，由此才能够保证利润率。但由于新味的别出心裁，其本身的利润空间就比较大，所以才不会被规模所牵制。

如果新味的执行不出现偏差，随着其覆盖的菜品和地域越来越多，那么其延展性必然也会更强，极有可能发展为一个需求驱动的食品电商平台。

跟新味一样，将社群电商的精髓发挥到极致的还有一个名为"解放杯"

的项目。

提到做生意，很多人都会自然地想到一句话“女人和孩子的钱最好赚”。电子商务兴起以后，主攻女性相关产品的电商更是不胜枚举。不过在这些平台和商家之间，几乎没有太大的差别，因而对消费者的吸引力也可想而知。

解放杯最大的特点在于不以男性思维为主导。截至2014年年底，解放杯果壳网小组的注册成员已经超过了40万，与其他女性社区经常围绕美容、减肥、婚恋、婆媳、育儿等话题不同，小组成员追求一种更为精致和独立的生活。小组里的女性成员不再把“脸”当做衡量自己的唯一指标，更加关注自己身体的内在，关注体型的美好和身体的健康。

解放杯的联合创始人之一认识到了这里面所蕴含的商业契机，加之此前供职于国内某知名内衣品牌的经历，使她把眼光聚集到了一种与女性的健康和美息息相关的产品——胸罩。

解放杯果壳小组针对女性穿胸罩会遇到的各种问题，采用图文引导的形象方式，判断消费者的胸型和参数，并为消费者提供有关胸罩的穿着建议。在微信公众号获得数万名女性成员的参与后，2015年1月，解放杯的App也正式上线。由于理念和内容得到越来越多女性消费者的欢迎，经营自有品牌的胸罩对解放杯的运营团队来说也将指日可待。

社群电商已然含苞待放，商家不能再简单复制PC模式

商业的本质在于价值交换，其核心在于实现物物交换，以物为中心，利用

信息不对称获取差价、赚取利润的交换行为。

随着人们活动空间的不断扩大，交易双方都拥有了更加多元化的选择，信息不对称也正在不断减少，于是万达、天虹等以物为中心的实体集市便应运而生，尽管仍有一定的地域局限性。而后随着互联网的高速发展，又产生了天猫、京东这样的网上集市。这种电商平台本质上还是对PC端的货架贩卖流量模式的简单复制，消费者在网购时需要耗费较多的精力和时间成本等。在移动互联网时代，消费者购物时间变得更加碎片化，渠道也出现了碎片化的趋势。在这种情况下，社群电商的方式更能够满足消费者的网购需求。

在2014年的“双11”期间，天猫创造了571亿元的交易额，而值得注意的一个细节是，在这个网购节中，阿里巴巴移动端的成交额就高达243亿元，占到总成交额的42.6%，比去年移动交易额增加了3.54倍。另一个值得探究的细节是，在2013年10月14日，阿里巴巴就在北京宣布启动“百川商业计划”。

据悉入驻“百川计划”的App应用之后，阿里巴巴可以通过App应用快速实现电商化升级，消费者可以使用阿里巴巴提供的云平台基础设施，直接授权登录淘宝账户，并接入商品交易、支付等环节。这些信息似乎都在传达着一个信号，移动化电商浪潮已经强势来袭，在这股浪潮中，阿里巴巴这艘巨舰也需顺势而行。

1. 以物为中心的PC电商已是强弩之末

在人类社会发展的过程中，分工与协作的产生让我们有了交换的需求，大量的交换需求促进了集市的产生。在固定的集市中，人们为了满足不同需求而相互交换产品，这个过程就是商业。商业的本质是实现价值交换，其核心是以物为中心的物物交换。

但是，交易过程的本身并不能产生新的价值，那么如何盈利？最初的商业盈利便是来自于信息的不对称性，获得价格差。从这一点来说，商业价值转换的过程就是信息匹配的过程。

随着商业的发展，交易双方都有了更多选择，而信息不对称也在逐渐缩小，于是人们开始以物为中心创造新的价值差，比如各类名牌奢侈品，以及出售名牌奢侈品为主的购物集市。这时候，人在跟着物转，但是依然受地域限制。

而在互联网诞生与发展的过程中，开始出现了天猫、淘宝、京东这样的网上集市，在削弱因为信息不对称导致的价格差的同时，也基本摆脱了地域与时间的限制，而实体集市由此也遭受到了巨大的冲击。

如今网上采购电商和集贸电商，如淘宝、京东等，都已经开始进入成熟鼎盛期。在这些网上集市中，消费者能够挑选到最便宜、最符合自己需求的产品。而这些网上集市所要做的就是筛选海量的产品，并将产品信息与消费者需求相匹配，以帮助人们更快更好地完成交易，也就是价值交换。可以说，网上集市在很大程度上削弱了因为信息不对称导致的价格差，也大大提升了商业效率。然而，发展至此，网上集市的交易活动依然是以物为中心的。

这种以物为中心的电商也有很多让人不满意的地方。

（1）商家仍然可以通过“直通车”等方式让自己的产品“任性”地出现在消费者面前，不管你所需要的是否真的是这款产品。对买家而言，还是需要辨别和筛选。

（2）消费者需要等着商家发货、物流配送、签收包裹，这个过程中可能会存在一些不可预见的问题，影响买家的消费体验，如快递丢件、商品损坏、快递员服务态度差等。

（3）消费者依然需要为信息不对称付费，比如商家推出的先提价后降价的假促销活动、商家所收取的快递费价格差等。

2. 以人为中心的社群电商已然含苞待放

目前，天猫、京东等电商平台还是以电商平台分发流量的方式做移动电商：阿里巴巴推出手机淘宝客户端，以实现移动端的网购交易；而京东直接入驻微信等网购新平台。从本质上来说，这些电商平台依然只是在简单地复制 PC 端的货架贩卖流量模式。

而在消费者购物时间越来越碎片化、购物渠道越来越碎片化的今天，传统电商平台的流量控制权已经在逐渐减弱，商家想要获取流量所付出的成本也越来越大。而移动端却可以从自身产生新的流量，若只是简单粗暴地将 PC 电商形式移植进去，反而会显得格格不入。就像京东入驻微信后，并没有达到预期的效果，这便是一个例证。

那么，在可以预见的未来，什么样的移动电商方式才适合越来越碎片化的购物呢？以人为中心的社群电商就是一个新方向。

互联网让人类的连接方式发生了巨大的改变。如何才能让人与人之间、人与物之间、人与信息之间实现更加高效、精准的链接呢？必须是以人为中心，让人去支配物流和信息流的运转和流向，让物和信息都以“人”为中心运转。

也就是说，要建立一个更了解人们需求的商业生态环境，它要知道人们什么时候穿什么样的衣服，知道人们什么时候需要喝水，知道人们在什么情况下需要换汽车……那么怎样才能对人们自身生活了解得如此透彻呢？基于数据库的智能化社交就能做到。

人是一种高级的群居动物，在人与人的频繁接触中，通过智能化的数据库，可以掌握人们的生活规律，了解每个人的生活习性，知道每个人的物质和精神需求，进而预测人们的消费需求。

人们的社交活动必然会形成社群，而社群又是围绕人群的喜好、特点、兴趣、需求而成立的。在移动的碎片化背后，我们实际上应该看到的是人们需求的多样性：有人喜欢养花，有人喜欢宅在家里，有人喜欢旅行，有人喜欢收集数码产品……于是不同的人群开始通过不同的方式、不同的渠道来满足各自不同的需求。由此，购物的时间变得碎片化，渠道也开始变得碎片化，人也开始以群分。

而在同一个社群中，人们能够相互了解、欣赏，群里在传播同一种需求的同时，也能推出新内容、新需求，而处于社群中的个人则更容易接受和信任群友推荐的东西。于是，基于社群的电商形态，开始慢慢展露出雏形。在社群中，人们可以通过内容传递而形成交易，当交易规模逐步扩大后就会形成新的商业生态圈。在这样的商业生态圈背后，人们看重的不再是生理与安全的基本需要，而是对尊重、对自我实现的需求。而这样的社群电商的大平台、大生态需要建立如下机制：信息分享机制、推荐反馈机制、保证消费者生产内容的高质量机制、价值传递机制、预测响应机制等。

人类的需求是多样性的，每一种需求背后都需要一个组织，也就是社区，这就决定了人们注定拥有多样的社群身份。在社群中，每个人都是中心，而同一个人所参加的不同社群之间的交叉融合，则一一映射了个人的立体化、多样性需求。社群电商也是这样一个立体化、多维度、时刻变化着的社会生态，它能够了解、洞悉人们的需求，并且满足这种需求，而它带来的也是人类生活方式、购物方式的再一次改变。

精神消费时代到来，社群电商“人货合一”才是真爱

在当下的移动互联时代，移动电商成为商业社会不可小觑的新生力量；而随着微信的火爆以及微信支付功能的开通，微电商逐渐成为移动电商的重要组成部分。微电商是移动电商的一种形态，具有很强的社群属性。

1. 何为微电商？

微电商是web3.0时代特有产物，这种商业模式结合了传统的电商运营与现代的互联网技术，突破了地域限制，并且实现了实时可移动。微电商主要存在于移动互联网下的C2C市场，通常由个人经营，不需要投入很多资金就可以实现非常广泛的传播，商家足不出户就可以进行推广与销售，准入门槛很低，通常情况下投入资金可以快速回本。基于这些特点，很多既没有丰厚的资金，也没有运营经验的个体商户，选择了微电商平台来创业。

除了大量小商家，很多品牌商家也陆续进入微电商市场。现在，微电商已经成为了电商市场的新兴力量，并且还在迅速扩张。照这个态势发展下去，在不久的将来，低成本、低门槛的微电商必将以星火燎原的态势席卷大江南北。

2. 微电商为何饱受争议？

如同每一个新生事物，微电商在迅速发展的同时也饱受着许多非议。究其原因，主要有以下几点。

（1）品牌商对微电商运营不了解

由于微电商准入门槛低，所以迅速吸引了巨大的微电商队伍。这些经营者的素质良莠不齐，尤其在品牌商品的销售中，低价倾销、串货、卖假货的事件时有发生。这些不良商家的行为严重侵害了竞争者和消费者的权益，甚至威胁到整个微电商市场的信誉，引发消费者对微电商整体的质疑。在这种不健康的市场环境中，品牌商家很难生存下去。

除此之外，由于微电商很容易受到个体行为左右，因而这种商业模式更适合个体商家，以团队形式运营的品牌商很容易遭遇管理难题。

（2）用法不当，刷屏不断，引人反感

与其说是社交平台，朋友圈更倾向于私人圈子，它的存在是为了利用碎片化的时间来了解朋友的动态、拉近彼此的距离、分享新奇的经历、传播有趣的知识，等等。微电商主要的推广渠道就是不断地刷朋友圈。这种粗暴的行为会引起朋友们的反感，甚至屏蔽或者删除朋友圈关系。这种行为就好比电话推销，不但背离了其沟通工具的本质，还引发接电话的人的极度反感；这种反感还会蔓延到被推销的产品本身，以及产品背后的品牌。

（3）大量非法暴利的三无产品混入

由于监管的困难以及部分经营者对暴利的追逐，微电商市场混入了大量质量低劣的三无产品，引发了商家和消费者的强烈反感，这也是微电商遭遇非议的重要原因。

有些资质低的商家既没有强大的研发和生产能力，又希望快速地敛财，于是大量生产销售违禁物品。通过铺天盖地的小广告打出不能兑现的效果承诺，借此大捞一把，出现问题之后就换个品牌、换个市场重新开始。此外，经营者法律观念的淡薄以及对高利润的追求等原因也加剧了三无产品的扩散。

消费者使用了这些产品之后，往往短期内会取得很明显的效果，从而引发疯狂的购买。使用一段时间之后，这类产品的副作用开始突显。很多消费者觉察到各种身体不适，事态严重到引发媒体曝光和监管介入的时候，才发现找不到生产厂商，产品其实是三无产品，各种质检文件都是伪造的。

2013 年开始在淘宝热卖的泰国“童颜神器”，号称是泰国进口，效果很好。但是后来经《焦点访谈》曝光，这款产品铅汞超标 1 万倍，而且一无生产日期，二无生产厂家，三无产品合格证，是典型的“三无产品”。监管部门介入调查，却发现根本找不到生产厂家，甚至找不到所谓的代理商，产品页面上的所有质检文件全都是假的。类似这种产品，市场上还有很多，尤其在所谓的“进口”产品市场尤为严重。

暴力刷屏、公信力弱、产品鱼龙混杂等问题在微电商市场确实存在，相信随着行业的规范和监管机制的健全，这些令人反感的问题都将被解决。对资本资源要求较低的微电商，也将继续携带着众多个体经营者对美好生活的希望发展下去。

3. 社群电商是什么？

社群电商玩的是粉丝经济，要求品牌或个人具有独有特质和文化，以此来吸引大批粉丝跟随并传播，从而实现销售的最大化，这种模式做得好的话不需要营销投入，依靠粉丝口碑就可以带来源源不断的成交量。

从这个概念来看，明星群体等有大批粉丝的群体做社群电商一定所向披靡，他们可以依靠自己的人气来带动商品的销售，但是现实中明星电商并没有想象中好做。因为在这个追求个性化产品和服务的年代，从众式的消费规模有限。电子商务的繁荣很大程度上取决于商品品类的丰富，带有明显长尾效应的社群电商，还是需要依靠众多的中小商家来成全商品品类的丰富多彩。

优秀的社群电商不一定要大品牌才能实现。重要的是所经营的商品有精准的目标客户定位，而且必须保证良好的质量和口碑，这样就很容易让客户产生认同感，从而自发进行口碑传播，而商家就几乎不再需要刻意地开展营销。因此，很多小规模经营的手工作坊就可以成为成功的社群电商。

社群电商并不意味着在社交网络做营销。尽管社交化的营销能够产生良好的传播效果，从而带来乐观的销量；但是，社交营销容易吸引到大量的好奇者、围观者以及单纯的转发者，尤其是经过二度关系之后，营销的方向会非常难以掌握，很容易失控。很多在社会化媒体上进行的营销其实都只是网络广告。社群电商的关键在于粉丝对商家的感情，只有经过长时间沉淀的粉丝，才是社群电商的真正客户。从这个意义上来说，社群电商并不是一个有关营销的词汇。

社群电商的成功与否，并不是靠商品的销量以及传递人群的多寡来衡量，而是看粉丝对电商的热爱程度和忠诚度高低。这是社群电商需要时刻清楚的重点，是玩转社群经济的关键。所以，社群电商并不需要靠转发和刷朋友圈来进行营销，那种做法的电商只是披着社群电商外衣的传统电商。

社群电商与传统电商的最大区别在于，社群电商一定要有产品文化、品牌信仰，一定要有族群认同，有品位、有兴趣、有态度、有拒绝。如美国卖手工艺品的 Etsy，以及国内的创意生活用品平台趣玩网，就是具有代表性的社群电商。如果不具备这些要素，那么就不能称之为社群电商。

4. 如何抓住微电商的机会？

无论是什么形式的电商，都是依靠售卖商品和服务为生。电商运营的过程，无论何时都是售卖的过程，而营销、销售、供应链、客户关系管理这些要素都是电商的基本构成。与其他形式的电商相比，微电商在起步阶段就有了相对成熟的工具化和数据化基础。站在这样的基础上，微电商只要保持正确的方向，实现顺利的发展并不困难。在具体的运营上，微电商需要清楚以下几点。

（1）如何打动消费者？

在传统电商运营中，业内普遍的运营渠道都在于平台自身的搜索排名。如淘宝商家通过购买各种推广服务来提高店铺和商品的搜索排名，在京东、苏宁平台的商家也是如此。而在移动电商平台购物的消费者还没有在移动平台搜索的习惯，因而现阶段的移动电商都处在同一起跑线，需要靠与众不同的产品、文案、促销等活动来吸引消费者，引导他们做出购买决策。对于发源于微信朋友圈的微电商而言，通过争取社交网络内同类族群的认同来进行情感营销，用更富于感情、更有人性化的方式来进行营销，取得的效果要远远好于传统的广告轰炸。

（2）选好品类是关键

在丰富多样的产品中，有的品类更适合电商平台，有的品类在电商平台做起来则不那么容易，所以选择适合的产品品类是微电商成功的第一步。比如做农业生鲜品类的电商生意火爆，于是京东、天猫等电商平台就大力推进农村市场，选择了农村渠道，生鲜产品供应链也随之跟上，而发达的物流行业则是这个电商品类实现成功的保证。当然，产品品类的选择也不是越火爆越好，创业者的兴趣和项目可控性也同样重要。

（3）精神消费时代到来

不管收入高低，很多年轻的消费者已经达到了中产阶级的消费水平，越来越多的消费者追求自己的个性。如果商品符合他们的品位、喜好，那么他们不会介意付出更高的价格。消费者的购物行为越来越注重精神因素，因而，如果能抓住这一点，就容易造就比较成功的社群电商。

（4）“人货合一”才是真爱

很多电商，尤其是没有品牌影响力的中小电商，通常依靠刷信用、刷排名等不正当的营销方式来争取更多的流量。在社交移动时代，所有的商业需要以人为中心。商品重要，人更重要。只有满足人跟货同时高品质，做到人货合一，才能真正做出成功的微电商品牌。

决战粉丝经济：传统电商如何像经营产品一样经营社群？

移动电子商务就是利用手机、掌上电脑等无线终端进行的 B2B、B2C、C2C 或 O2O 的电子商务，很大程度上由 PC 端电子商务转移而来。移动电子商务突破了时空的限制，可以在任意时间、任意地点进行。2010 年起，包括阿里、京东在内的各大电商陆续加入移动阵营，开始抢占移动端市场。

以服装电商品牌茵曼为例，在 2014 年 6 月，世界杯刚刚开幕的时候，茵曼在广州大学足球场内铺设了一个全世界最大的球场二维码，借着向世界杯致敬的噱头，成功完成了“6.26 茵曼在天猫等你”的夏季宣传，借此表明其转战移动端的态度。为了进一步拉近与粉丝的距离，8 月，茵曼在广州 TIT 创意园举办了一场以“自然之音”为主题的音乐会，为其品牌社区“茵悦汇”造势，将社区活动从线上延续至线下，为世人展现了一场华丽的粉丝营销。

茵曼的几次动作正应对了电子商务的现状。一方面从 PC 端向移动端加速移动，另一方面电子商务正从传统的流量经济转向粉丝经济。在 PC 端靠着流量和爆款发展起来的淘品牌，必须加快移动端和粉丝经济的布局才能避免没落。

1．加速移动化

随着移动互联技术的发展和移动支付的推广，移动购物场景不断丰富，消费者的购物习惯也发生了很大变化。这些因素作用在一起，共同推动移动电子商务以令人吃惊的速度向前推进。

2013 年，中国网络购物市场交易规模达到 1.84 万亿元，同比增长 39.4%，其中移动端交易额达 1696.3 亿元，增长 168.6%，增速远远高于整个市场平均水平，移动端交易在网络购物市场总额中占据 9.2%，较 2012 年提高 4.4 个百分点；2014 年第三季度，中国移动购物市场交易规模为 2309.6 亿元，同比增长 250.9%，增速远高于中国网络购物整体增速（2014 年第三季度，中国网络购物市场交易规模为 6914.1 亿元，同比增长 49.8%），如图 3-1 所示。

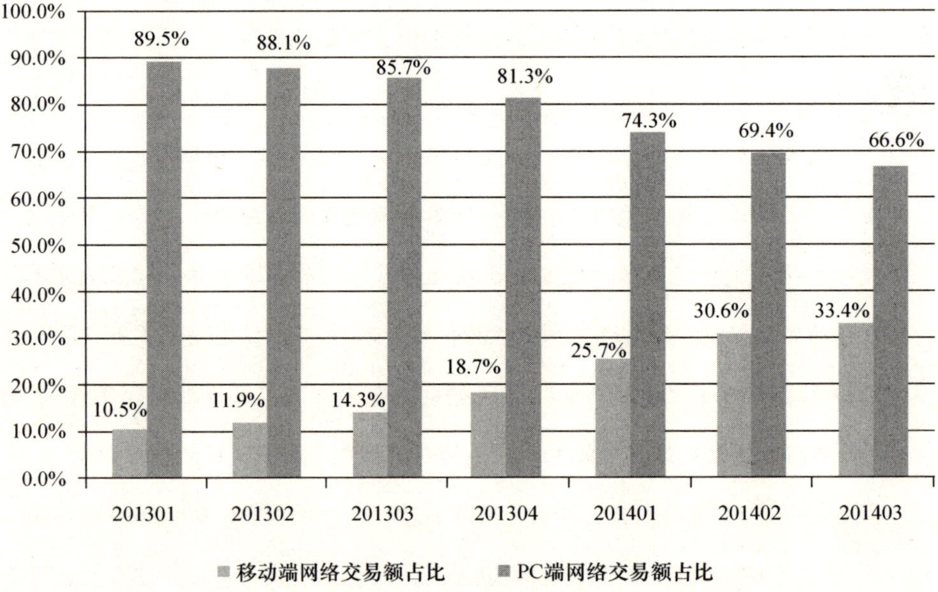

图 3-1　201301—201403 中国网购交易额 PC 端和移动端占比

2．迥异的玩法

与传统电子商务不同，移动互联网时代是粉丝经济的时代，传统的流量经济已经行不通，因而电子商务向移动端的转移也给电商企业带来了诸多挑战。如何把握由PC购物向移动购物转移的节奏与方式？如何调整原有的营销布局？如何应对物流的变化？如何建立及维护粉丝群？如何运用云端大数据？等等，诸多问题都需要电商企业谨慎应对。

比如，传统的推广方式通常是依靠短信的形式向消费者传播促销信息，尤其在大型的促销活动之前，电商们更是频繁地进行大规模短信发送，这种促销方式很容易引起消费者的反感，甚至会引发对品牌的负面印象。可是除了短信推送，电商们又很难找到更及时的沟通工具，故而明知有风险，还只能继续这样做。

到了移动互联时代，微信的出现彻底解决了这个问题。微信不但实现了商家与消费者的即时沟通，同时由于云端大数据系统，微信可以保证信息推送的个性化、精准、前置的效果，并且这种广告方式很容易被消费者接受，各种促销信息的及时推送成为商家的贴心服务。

除了广告推送方式以外，传统电商与移动电商还有其他差异。我们以知名淘宝品牌韩都衣舍为例，分析一下二者之间的具体差别。

根据韩都衣舍后台统计数据，在2014年7月，平均每日有63万人从电脑端访问了韩都衣舍旗舰店，日均浏览量132万，每日每笔交易金额平均为152元，在所有进店消费的消费者中，43.9%的消费者为第二次或多次购买；在手机淘宝店铺，日均接待访客28.2万，浏览量170万，客单价142元，38.7%的消费者会再次购买。

对比以上数据不难发现，电脑端的访客量高于移动端，说明大部分消费者还是习惯于用电脑上网；但是电脑端的浏览量低于移动端，说明移动端的消费者每天浏览的次数以及每次浏览的时间更多。此外，电脑端的消费者回头率更高，说明在移动端购物的新消费者更多。综合以上三点，可以看出：电脑端的交易更多来自于目的性强、理性的购物行为，而在移动端，冲动购买的贡献更高。

这样的差异也不难解释，由于移动端与生俱来的社交基因，消费者容易受他人影响，可能原本没有购买计划，但看别人买了自己也跟风购买，这些交易就归功于消费者的一时冲动。

调查显示，57% 的智能手机消费者会在移动端访问店铺，在这些消费者当中，大部分消费者希望能够在移动端得到高于电脑端的优惠幅度，这就为移动促销创造了巨大的空间；还有相当一部分消费者购物之前会在移动端比价；另外，由于移动端不受空间限制，几乎所有消费者都喜欢在手机屏幕上向家人朋友展示产品图片，征求他人意见。

茵曼十分看好移动互联市场。2014 年 6 月，就在巨型条形码活动的当天，茵曼公开宣称未来五年要在移动端拿到 70% 的交易额。对此茵曼制定了两条策略：一方面，将电脑端客户向移动端转移，通过手机端更大的优惠幅度将老客户吸引到移动端，培养老客户的移动端购物习惯，保证现有的销售成绩；同时，通过移动端的推广营销，从移动端其他平台吸引更多的新客户，促进销售的增长。

传统电商通过各种形式的促销来追逐更大的流量，而移动互联时代玩的是粉丝经济，促销的目标是维护粉丝，所以移动端的营销活动重在与粉丝进行互动。从前的打折让利已经行不通，移动端营销拼的是品牌与粉丝之间的感情、粉丝对品牌的忠诚度。因而茵曼的移动营销团队将大部分精力都倾注到了社区的建立与维护，以及与粉丝的互动活动中。粉丝营销的低成本特性，也为众多没有资金优势的小微企业提供了更多的营销可能。如果搞好了粉丝营销，小微企业也有可能实现对大电商的弯道超车。

3. 跨界的社群

移动电商玩的是粉丝经济，使用适合的营销工具，经营好粉丝社群，是粉丝经济的核心。目前市场主流的移动营销工具分别是手机淘宝和微信，二者分属阿里和腾讯两大巨头。电商出身的手机淘宝以销售为导向，其他业务都围绕销售来进行；而社交平台微信更重视社交和粉丝互动，销售要排在后面。

服装电商茵曼在移动端的布局分为电商平台和自有平台两部分。在手机淘宝和京东移动端的店铺以销售为导向，而在自有手机平台上，茵曼则走小米社区的路子，主要目的在于聚合粉丝，保持互动。

淘宝和微信两大平台也为吸引移动端客户做了很多准备。2013 年“双 12”期间，手机淘宝买断了当天所有的双色球彩票无偿送给手机端客户；微信支付功能开通后，微信也加快了移动市场的布局；2013 年 12 月，微信承担了小米 3 的抢购活动，并为微信消费者设置了“微信价”优惠礼包。此外，通过不断地丰富应用场景，微信逐步成为有效触达消费者和提供服务的平台。

很多商家在进驻微信平台初期都打出了力度强大的促销活动，这种赔钱赚吆喝的行为具有明确的目标定位，那就是吸引粉丝，组建自己的粉丝群体。在这个步骤中，商家设置了各种新鲜有趣的工具吸引消费者参与，激发消费者的分享欲望，增加消费者的参与感。这个阶段的目标是建立粉丝社群，重要的是吸引消费者参与，而不是引导消费者购买。

吸引消费者参与，最有效的方式是让消费者觉得新鲜有趣好玩，然后通过长期的经营，建立消费者对企业的信任。只有消费者认同企业的价值，渴望企业描绘的生活，才愿意与企业保持长久的联系，放心购买企业的产品。另外，粉丝的经营需要引导社群成员积极参与，发展出粉丝之间“多对多”的关系链。在企业的引导之下，最理想的成果是粉丝发起话题，组织活动，更多的粉丝参与进来，这样的社群才能经久不衰。成功的论坛组织中，企业的工作重心就是引导消费者之间的沟通，营造出社群的生态活力。

如何加强粉丝间的互动交流，有很多方法可以借鉴。首先，培养意见领袖，通过意见领袖的积极发言，活跃论坛气氛；其次，企业可以制造一些话题，引导粉丝参与讨论；另外，对于退群的消费者，企业应该主动联系他们，找出退群原因，避免类似的事情继续发生。有些社群还会举办线下活动，进一步加强粉丝黏性，壮大自己的社群。

如果将社群视为一个产品来运营，企业必须赋予它一些明显的特质。例如：一个能引发关注的品牌故事、一些有参与感的爆款产品、一个能量巨大的传播工具、一个负责社交沟通的组织等。比如茵曼的社群经营理念是，只要符合茵曼慢生活理念的社群活动，茵曼都可以做。下一步粉丝经营的重心，更倾向于这种慢生活方式。

社群红利引人注目，10个问题了解未来商业的核心驱动力

2013 年 8 月，罗振宇在微信公众号罗辑思维售卖 5500 个会员名额，5 小时入账 160 万元；12 月，故技重施，一天之内又收获了 800 万元。透过巨大的商业利润，罗辑思维生动地给人们展示了社群的商业力量。未来，社群经济会更加强大，甚至会成为商业社会的核心动力。

通过以下几个问题，我们可以对社群有更多了解。

1. 什么是社群？

社群这个概念，广义上是指在某些边界线、地区或领域内发生作用的一切社会关系，包括现实内某区域内发生的社会关系，也包含抽象的、思想上的关系。除此之外，社群还可以理解为地区性的社区，或者有相互关系的网络，也可以是一种特殊的社会关系。

我国传统的乡村，就是典型的社群，这种社群以血缘为基础，以族长为中心，按亲疏关系形成差序格局，形成人际关系结构。

2. 互联网社群是怎么形成的？

互联网进入中国以后，网上出现了各种社区，影响力大的社区主要有天涯社区、百度贴吧、猫扑等，这些社区就是互联时代的社群形态。到了移动互联时代，微信、微博等社交平台横空出世，人们因为各种关系或者共同的兴趣、经历，而形成新的团体关系，完全打破了时空的限制；在任意时间、任意地点，即便相隔万里，人们也可以无障碍地联系，彻底颠覆了传统的人际关系构成。

从另一个方面来看，移动互联时代的社群，更像是一种人际关系的“返祖”。以微信朋友圈为例，朋友圈中任意一个成员，都是通过某种纽带而连接在一起的。就像传统的村落时代，同一个村子里的人差不多都有点沾亲带故，谁向谁借个钱、赊个账、帮个忙、出把力都不是问题，因为彼此之间都有千丝万缕的联系，也因此建立了基础的信任。朋友圈的社群关系也是如此。

3. 社群和社区有什么不同？

社群，并不等于社区，并不是同一个社区中的成员聚在一起就是社群，两者有别。

以李宇春贴吧为例，这个贴吧的成员都喜欢李宇春，但是彼此之间不一定认识，这就叫做社区。

如由中国高端商务成员组成的正和岛非创意不传播部落，300 多个成员彼此之间不一定见过面，但是彼此之间都能靠人脉联系起来，都算得上是朋友，这就叫做社群。再比如杭州的微信 V 车队，车队成员之间没有利益关系，高度协同，分布式管理，这个车队也是一个社群。

4. 形成社群的基础是什么？

首先，社群的形成需要一群人聚在一起，通过共同的目标或者纲领与其他人群区别开来，拥有的共同目标或者纲领，就是社群形成的前提基础；其次，需要有微信、微博这样的实时工具，使这些人一起做事时能够高效协同；在前面的基础之上，这些人会进行一致的行动，而一致的行动也有益于社群的稳固。

5. 粉丝经济就是社群经济吗？

粉丝经济与社群经济有着千丝万缕的联系，但二者不能混为一谈。粉丝经济是建立在粉丝基础上的经济。粉丝经济做得好，意味着企业背后有强大的粉丝群体，但是他们只能算是企业的忠实客户，除此之外粉丝之间并无联系。只有当粉丝之间彼此成为朋友，建立基础的信任之后，他们组成的团体才叫做社群。

社群是所有企业追求的终极目标。由于工具的限制，只有到了移动互联时代才可能建立起真正的社群。尽管社群的建立需要许多严苛的条件和漫长的过程，但是一旦建成，企业就立刻拥有了更高层次的竞争力。

6. 每个品牌都要有自己的社群吗？

每个品牌都要有自己的社群，并且可能不止拥有一个。由于其严苛的条件，社群的规模是有限度的。不管企业拥有多少消费者和粉丝，只有有限的人员才能构成一个社群。比如拥有 3300 万粉丝的星巴克，这些粉丝不能形成一个大的社群。他们的一部分可以围绕某个共同的纲领形成社群，这 3300 万粉丝可以形成许多不同的社群，也就是说星巴克可以拥有很多社群。

7. 魅力人格体对社群有什么意义？

如果领导者具有强大的人格魅力，那么就可以依靠人格魅力来聚集粉丝，逐渐建立自己的社群，这种魅力型的人格可以充当社群的共同纲领。比如锤子手机的罗永浩、罗辑思维的罗振宇，他们都向公众表达了明确的态度和主张，这就是魅力人格，认同这样的态度和主张，是粉丝聚集的基础。具有魅力人格的领导者，往往推出的产品也有调性，这种产品反过来帮助塑造企业的魅力人格体。如乔布斯推出的苹果产品，与其他品牌有鲜明的区别；而个性鲜明的苹果产品，将乔布斯推向更高的神坛。

随着微信、微博等移动互联应用的发展，人人都成为信息的制造者和传播者。在这个时代，魅力人格更容易凸显，发挥的作用也就更大。

8. 企业如何建立自己的社群？

企业如何建立自己的社群，有一句话描述得相当精辟："以求道的精神做产品，用求爱的方式做传播。"

无论什么企业，都是要依靠为客户提供商品或服务来获取利润。如果产品本身不好，那么人格魅力再强、营销方案再美也不能维持企业的发展。罗辑思维做得好，除了罗振宇的个人魅力之外，自媒体内容品质也很高；星巴克遍布世界各地，最重要的原因还是咖啡做得好；如果产品本身不够格，那最多只能借助互联网炒作一场，风头一过就会被打回原形。

在保证产品品质的同时，企业还要学会传播。

在这个时代，酒香也怕巷子深，产品被别人主动发现的概率约等于零。如果不能做好传播，企业就会连生存的机会都没有。在大众媒体时代，产品只能通过电视、报纸以及户外媒体来触达大众，没有营销、没有广告就不存在销量。进入互联网时代，大众传媒走向没落，企业开始抓住流量进行产品推广，本质上也是在做广告。到了移动互联时代，流量红利也已消失，还停留在电脑端的商家已经变成了传统企业。只有抓住移动端市场，企业才能避免被淘汰。

9. 社群是社交红利时代的商业驱动力吗？

在移动互联时代，广告红利和流量红利已成为历史，而伴随社交网络而来的社交红利成为企业发展的新机会。谁抓住了社交红利，谁就能做好传播，就迈出了成功的第一步。如雕爷、黄太吉、大象安全套等品牌，它们就很懂得社交移动的规则。

10. 做企业服务的也要搞社群吗？

不仅仅是面向个人客户的企业需要搞社群，面向企业客户的企业也将最终走向社群经济。尽管企业与企业之间的交易更倾向于理性决策，情感因素起到的作用短期内并不明显；但是时间久了其带来的影响就会凸显出来，到那时，社群就会成为此类企业的最好出路。

【商业案例】豆果美食：布局“食谱 + 社群 + 电子商务”，打造“新厨房经济”

随着移动互联网逐渐渗透进人们生活的各个角落，人类生活中需要的衣、食、住、行四大方面也已经变成了移动端上的一个个 App。它们不仅将人们的生活提升了一个档次，同时也提供了极大的便利，使生活更富有乐趣。

2014 年 10 月底，豆果美食推出了 5.3.0 版本，并对外宣称 App 客户端的下载量已经超过了 7500 万，日开启次数已经超过了 200 万次。同时在 2014 年 11 月 18 日，豆果美食宣布已经获得了 C 轮融资，金额为 2500 万美元，融资完成后豆果美食的估值将达到 3 亿美元。

豆果美食是国内首家发现、分享、交流美食的互动平台，目前也是在国内外比较知名的美食互动社区网络，吸引了众多国内外华人的参与。豆果美食为所有爱好美食的人提供了一个在线交流分享的平台，同时也将社群和电商两大动脉打通，开始了“食谱 + 社群 + 电子商务”的布局。

同时，豆果美食是一个典型的 UGC 社区，在社区中分享的内容有 80% 都是来源于消费者。消费者在社区中发布的内容不仅包括简单的食谱，同时还会有与每道佳肴相关的心情故事。这样就为简单的文字食谱增添了丰富的个人化色彩，让每道菜都充满浓浓的温情。消费者还可以围绕食谱进行话题讨论，从而在群体中引发更多的共鸣，让做菜变成一种有趣的事。

豆果美食的工作人员的主要职责就是对网站进行管理，对在社区中收集的数据根据质量划分等级。工作人员不仅要将一些内容推荐给消费者，同时还要推荐到首页。将内容推荐给消费者之后还需要对消费者的反馈进行跟踪调查，通过对消费者的分享、评论、收藏等举动进行分析，总结出消费者的喜好。对大量的消费者进行分析之后得出最近的流行趋势，从而调整平台的发展。

消费者在浏览食谱的过程中会刺激消费者产生对食材、厨房用具、调料等物品的需求，因而与许多美食类网站一样，豆果也围绕食谱推动消费者需求的产生，从而也就产生了电商。

现如今豆果美食已经围绕"食谱 + 社群 + 电子商务"加快了商业布局的步伐，推动了互动社区的厨房经济学的诞生。

在豆果美食的平台上，普通的家庭主妇可以变身美食达人，美食专家可以发掘出新菜品，爱好美食的人也可以产生更多的共鸣。大家因美食而结缘，因美食而获得更多的快乐。豆果美食拥有的独立的商业基因使其成为一个拥有持续盈利能力的互动社区。

豆果美食一上线就被苹果官方评为年度最佳应用，使豆果美食赢得了更多的关注，使其在移动互联网爆发式增长的阶段赢得了有利的契机。

越来越多的应用软件出现在美食行业，也使得竞争越来越激烈，App 的更新换代速度就决定了其是否能在同质化日益严重的状况下实现新的突破。在 App 的开发上，豆果美食与同行业相比有自己的技术研发团队，可以随时对 App 进行研发和调整。

1. 全案整合营销

Cookpad 是目前日本最大的食谱类平台，推行会员制，每年的会员费可以占到总营收的 60%。而豆果美食却表示不会推行会员制，原因在于以下两点：

其一，日本料理和西式料理相比要标准化很多；

其二，中国网民没有形成为内容付费的消费习惯。如果采取会员制收取会员费很可能流失一大部分消费者。

在社交分享中，美食和美图的分享是一项比较重要的部分，可以更加方便、快速地传播平台的口碑，进行内容营销也具备同样的优势。

豆果美食在发展前期非常重视消费者的体验，在初期，进驻平台的都是西门子、九阳等比较知名的品牌客户。从 2013 年 5 月份开始，豆果美食才真正走向了商业化。豆果美食在广告的投放上也达到了 4A 广告的标准，为广告做全案策划。而这种广告植入模式也在日后豆果美食的发展中得到了印证，取得了不错的成效。

豆果美食曾经专门针对西门子家电做过全案策划，围绕“一行一味”的主题开展向劳动者致敬的营销活动，同时抓住“五一劳动节”的特点向社会传播积极向上的价值观。消费者在劳动节当天进入豆果美食的移动端之后，就可以按照提示进入活动界面，豆果美食会根据消费者的职业定向向消费者推荐相应的食谱。此次活动采用了轻松愉快的卡通漫画的形式，吸引了不少消费者的参与，同时他们也乐意将其分享到自媒体上，促进了活动的推广。此次活动的开展使豆果美食活动首页和菜单详情页的日均开启量都超过了 120 次。

从盈利模式上来看，目前豆果美食依然以与品牌广告主的合作作为盈利的主要来源，但是豆果美食绝不甘心只有这一种利润来源。豆果美食的副总裁朱虹曾说过，豆果美食就是先通过引导一部分消费者，从而推动这部分被引导的消费者引导其他消费者，这样豆果美食就会形成滚雪球式的自然引导。

2．基于消费者体验的深度 O2O

豆果美食采用的 O2O 模式也注重消费者体验的提升。豆果美食的消费者主要是 25 ～ 35 岁的年轻群体，其中有 80% 是女性消费者。处在这个年龄阶段的消费者已经步入了社会，拥有一定的经济能力，有的建立了自己的家庭。美食对于她们而言不仅是一种可以果腹的食物，更是一种注重生活品质和关注身体健康的表现。

豆果美食平台上的消费者汇集成了一个充满爱的集体，朱虹分享过在这个平台上发生的有爱的故事：在豆果美食有一位忠实的消费者，因为家人患糖尿病，因此对食材的选择有很高的要求，经常在平台上查询一些适合糖尿病病人吃的食谱。而在社区中也有很多的营养师，他们会对平台上一些功能性食谱进行点评，后台会利用大数据对这类食谱信息进行精准推送，帮助该消费者更加便捷地找到合适的食谱，并放心做给糖尿病人吃。后来该消费者还专门在评论里撰写了感谢信，分享了自己的使用心得，其真挚的言辞感动了许多人。

消费者除了可以在线上社区进行互动之外，也可以在线下进行交流和体验。从2014年8月开始，豆果美食每周都会在全国的各个城市举办线下活动。豆果美食的消费者既可以在线上交流美食，同时也可以带着美食在线下见面交流和互动，完全打通了线上和线下，这也是为什么这么多人喜欢豆果美食的原因之一，如图3-2所示。

用户评价

很棒，很实用 ★★★★★

评论人：N暖阳光

很好的美食软件。上面什么烹饪方法都有，而且还有圈子可以互相分享讨论。值得推荐，大家都来下载吧！

软件很不错 ★★★★★

评伦人：轩子821

很实用的软件，里面的菜谱都是可以很轻松完成的，也很适合初学者学习。

方便★★★★★

评伦人：黑黑思密达达

软件很好用，挺全面的，还有别人推荐的菜谱和尝试做出的成品图，甜品也有，很不错。

图3-2　豆果美食版本5.5.0消费者评价

在豆果美食上，大多数的消费者都是将美食做给家人和朋友吃，这本身就是一件充满爱的享受。在社区里大家相互交流有关美食的内容，社区环境比较纯粹，容易建立比较深入和牢固的社交关系。同时，豆果美食也在美食界开展了一系列的“造星运动”。豆果美食先后与《顶级厨师》和《味觉大战》等美食类节目展开合作，充当美食经纪人；在消费者中挖掘和培养美食达人，拓展更多的媒体渠道，将豆果美食的影响力扩散到更广阔的范围。

豆果美食要想在美食这一条路上走得更远，必不可少的就是美食达人。怎样才能挖掘更多的美食达人进驻平台，为平台的可持续发展奠定良好的基础呢？

（1）豆果美食借助自身的平台效应吸引众多美食达人自动加入到平台中来。从目前的发展来看，在互联网领域比较知名的美食达人已经有 90% 进驻了豆果美食社区，为豆果美食的发展注入了更多新鲜和丰富的元素。

（2）在日常的运营中，消费者如果在豆果美食上传食谱，后台的编辑就会对其上传的内容进行审核，然后评出一定的等级。如果发现该消费者上传的食谱质量比较高，就与他们建立联系，发展成强关系，为平台所用。

（3）在与媒体合作的过程中，豆果美食会根据在平台上收集的大数据和积累的经验，分析和总结出最新的美食趋势，并向媒体受众传达相应的美食信息。如说在每个季节最流行的菜品是什么？哪些食材使用频率最高？等等，从而将一部分媒体受众转化为平台的消费者和达人，为平台的商业化打好铺垫。

美食经纪人除了发现美食达人外，还为消费者与商家的沟通和互动提供了一个桥梁。实践表明，豆果美食的消费者对于各类厂商的活动都有较高的积极性，并且也非常乐意在社会媒体上进行传播分享，从而也为商家扩大了影响力，提升了品牌形象。比如豆果美食曾推出过长帝烤箱的一项体验活动，吸引了众多消费者的参与，发出 28 台烤箱，收到了来自消费者的 95 份质量比较高的试用报告。这些报告不仅详细描述了烤箱的使用情况以及获得的体验，还为烤箱的进一步改进提出了有益的建议。

3. 充满温情的食谱社群电商

豆果美食上已经存有40多万个食谱，平台根据功能、材料等对食谱进行了分类，并设置了相应的标签，为消费者查找食谱提供了极大的便利。平台还会根据“大家都在看”“秀美食”等结构化数据，向消费者推送食谱，为消费者的食谱查找省去了许多麻烦。

豆果美食在推出5.3.0版本之后，在食谱的基础上新增加了社群和电商两大分支，同时重点强调了消费者群体的社交功能，优化了“优食汇”电商平台，提升消费者的购物体验。此外，在新版的豆果美食中，“优食汇”被添加到了导航栏，实现了食谱页面与相关购买页面的无缝对接，消费者在浏览食谱的过程中如果产生了购买欲望，可以直接点击跳转进入相关商品的购买的页面，完成整套工具和食材的购买。

现在越来越多的企业更加钟情于垂直电商，在这一领域也有了比较成功的范例。但是不管怎样发展，其围绕的核心始终都是消费者的需求。下面通过豆果美食自发展以来广告语的变化发展情况，看看豆果美食是如何根据消费者的需求变化来调整经营主题的。

在豆果美食发展早期，打出的口号是“生活就是一道菜接着另一道菜”，语言比较朴实，更贴近人们的生活。后来随着消费者数量的增加以及社区功能的不断丰富和强化，消费者对食材、用具等产生了更多的需求，也就意味着在平台上产生了更多的电商基因。豆果美食随即将广告语调整为“开启美味生活”，象征人们对美好生活的一种追求和向往，如图3-3所示。

在App市场上，美食类的App不在少数，在这一领域的竞争也日趋白热化。像美食杰、好豆网、下厨房等美食类网站在美食市场上也拥有一定的地位，与此同时在竞争日趋激烈的市场上同质化现象也比较严重。味库是一款厨房管家App，它与纯粹提供菜谱搜索等内容的美食应用有很大的不同。味库会根据每个家庭现有的食材、厨具等情况为其提供相应的菜谱，在低成本的条件下让消费者享受美味。味库也采用了完全不同于豆果美食的消费者行为路径，味库的功能就是在消费者现有的厨电和食材的基础上为其提供智能组合的菜谱，具体的使用细节就是消费者在使用时可以选择已经有的食材、厨电，随后系统就会生成相应的食谱。

图 3-3　豆果美食版本 5.5.0 的 iPhone 屏幕截图

味库拥有一支非常特殊的开发团队，使其在诞生之时就自然带有一种商业属性。

而豆果美食却不一样。在豆果美食上消费者都是先选好要做什么菜，然后购买相应的食材和厨电等。豆果美食在最新推出的App中打通了食谱和电商，消费者可以在优食汇的电商平台上购买食谱中所需要的一部分商品。豆果美食也会分析消费者的需求，向消费者推荐相关的商品信息，激发消费者购买的主动性，提高消费者的重复购买率。

与传统电商不同的是，豆果美食的优食汇不仅是一种单纯的电商平台，同时也会利用朋友圈进行宣传推广，积累口碑。豆果美食是一种美食类的垂直社区，通过在社区里的消费者互动，增强消费者对豆果美食的信任感和真实感，从而逐渐走向商业化。

尽管现在优食汇上已经拥有了上百种的商品，日流水达到20万元。但是豆果美食依然是轻商业的模式，根据食谱对产品随时进行整合，同时也会利用平台上积累的数据和资源对商品进行严格的筛选，以便为消费者提供更多的便利。比如说根据某一道甜点的食谱，豆果美食会先找到合适的供应商，将所需要的材料组合成一个产品包，消费者只要下一个订单就可以买到所需要的所有材料，既方便又省时。

优食汇目前只是一个电商平台的渠道，基本上没有仓储和物流。消费者在豆果美食上下单后，豆果美食会在最短的时间内通知相应的商家发货，效率也比较高。

再战微电商

Part 4

繁荣或消亡：微电商的道路将走向何方

把握风向+维护生态，为微电商寻找可持续发展的盈利模式

随着微信等社交平台的发展，微电商这种新型的电子商务随之兴起，在2014年达到了空前的火爆，看起来即将改变整个电商市场的格局。微电商的支持者更是宣称，微电商将彻底颠覆传统电商，超越淘宝，领跑移动电子商务。

然而，尽管微电商市场红红火火，参与者众，但是纵观整个行业，难以见其壮大，这种状况是由多方面的原因共同促成的。

首先，电商的本质是商品交易，像淘宝之类比较成功的电商都是以交易为中心，在交易的基础上再延伸其他功能；而微信首先是社交平台，以社交功能为重，其次才是发展电商属性。

其次，由于社交是第一属性，因而微信平台要先保证社交体验，对微电商最依赖的朋友圈设定了重重限制，微电商在朋友圈的粗暴刷屏很容易影响消费者体验，甚至招致朋友屏蔽，所以微电商爱采用游击战略，频繁转移阵地。

最后，微信电商还是一个新兴的市场，商业机制并不成熟，很多环节还有待完善；微信对电商的监管也很成问题，既不敢放开脚步，又不敢对违规操作

者加以严厉惩罚，于是微电商中的恶意营销行为变得越来越严重。

虽然微电商平台有很多，但是所有的微电商不外乎以京东微店为代表的B2C电商、以微信小店为主的C2C电商、基于服务号为主的企业电商、以朋友圈卖货的微电商四种模式。四种模式比较来看，京东微店没有特别的亮点，也没有严重的缺陷；微信小店与服务号的电商模式并不完整，只能做客户沉淀；朋友圈微电商生意最为火爆，订单最多，然而这种模式下的粗暴刷屏、疯狂发展下线等恶意营销现象也最多，所以最影响消费者体验，也是官方打击最狠的模式，但这种模式的微电商正倒逼微信变革，消费者黏性也越来越高。

2015年，微电商将致力于行业调整，重建微电商生态，以崭新的姿态迎接新的市场，延续2014年的火爆。根据市场的种种迹象，可以大致推测出微电商未来的发展趋势，如图4-1所示。

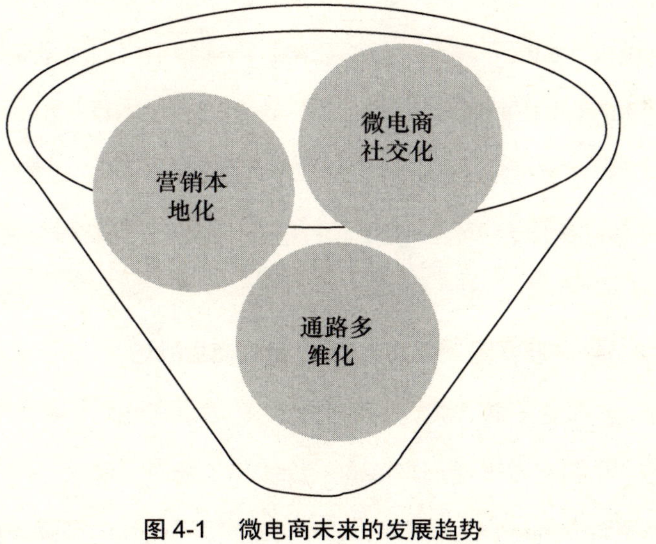

图4-1 微电商未来的发展趋势

（1）营销本地化

以“小而美”著称的微电商，服务对象以本地的居民为主，以及时、精准的服务打通本地 O2O 商业模式。从这个意义上来说，微电商就像 O2O 商业的移动端服务平台，不仅能够有效地为移动端消费者解决信息查找困难和信息不对称的问题，还能够及时有效地将不同的移动电商连接起来。

（2）微电商社交化

相较于淘宝等专业的电商平台，社交电商最大的优势在于去中心化。商家不再需要依靠平台来购买流量，解决了流量流入成本高的问题，人人都可以成为微电商。在社交关系的基础上，微电商将会通过互动、交流、分享、社群价值导向等促进商品交易的实现。

（3）通路多维化

目前，微信平台的公众账号已经超过 860 多万，并且还以每天 1.5 万规模的增长速度继续扩张；微信月活跃消费者规模也已达到了 4.6 亿，坐拥移动社交第一流量入口。除了微信以外，QQ 空间、陌陌、易信、来往、微博、博客等也都是比较好的入口。如果开辟多维化的通路，将这些平台的流量聚拢到一处，就可以更好地满足微电商的流量需求。

微信一直致力于优化平台，建立完善的微电商生态圈。为了实现这个目标，微信在 2014 年陆续出台了多项政策以打击违规行为，净化微信生态。2015 年，微信电商生态将会出现以下几种趋势。

（1）“服务号 + 朋友圈”会成为 C2C 微电商主战场

从服务号到微信小店，微信对商业化的探索从未间断。微信经过多番尝试后发现服务号和朋友圈表现出来的商业价值与市场潜力最大，前者可以为商家提供有效的消费者沉淀，后者则可以帮助商家实现良好的口碑传播效应；加上微信无可匹敌的消费者黏性，服务号与朋友圈可能会成为 C2C 模式微电商的主战场。

（2）重度清洗朋友圈微电商

微信鼓励有价值的服务，同样，对于违规的、恶意的、影响正常商业秩序的行为，微信也会采取严格的措施来严厉打击，加强管控。比如各种诱导类的，诱导消费者去分享朋友圈的行为。在这方面，刷屏行为层出不穷、假冒商品屡禁不止的朋友圈微电商成为重灾区，首当其冲面临微信官方的重度清洗。

（3）朋友圈、订阅号、服务号会迎来变革

朋友圈、订阅号和服务号是微信商业化的三大法宝，三者相辅相成，共同帮助微信构筑商业帝国。正因如此，微信改革会重点关注这三项功能，比如将三者开放，建立订阅号、服务号与朋友圈并列的购物圈。

按照这样的趋势，可以预测微电商的几个发展方向，如图 4-2 所示。

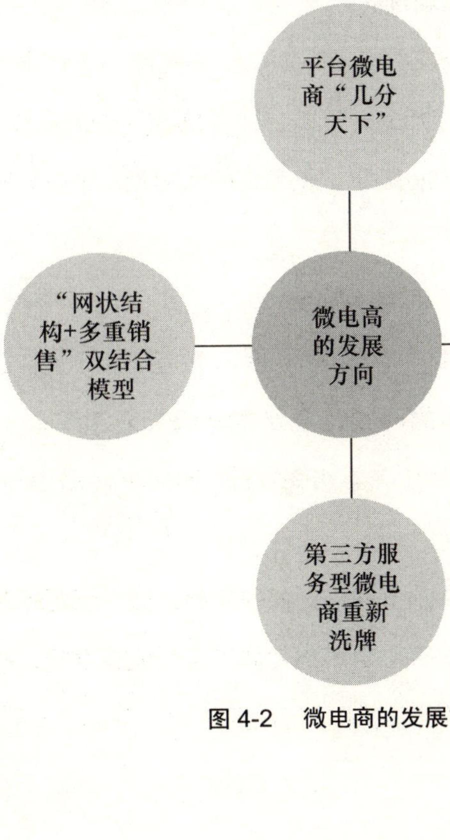

图 4-2 微电商的发展方向

（1）平台微电商“几分天下”

2015 年，微信在商业模式中可能退化成单纯的营销工具。微电商的竞争集中于 App 和公众号之间，微信小店、美丽说、蘑菇街等平台可能会依靠公众号实现自身发展，也可能自建 App 各自为战，微电商市场将呈现“几分天下”的格局。

（2） C2C 微电商将持续壮大

2014 年 10 月，C2C 微电商拍拍微店正式运营，并且为入驻商家提供广告流量 1:1 大幅度补贴；同时，同类型的口袋购物完成了第三轮融资，总金额达到 3.5 亿美元，并宣称其中的 2 亿美元会拿出来为商家购买流量。可以预见 2015 年 C2C 微电商将持续壮大，彼此之间的竞争也在所难免。

（3）第三方服务型微电商重新洗牌

微电商的兴起不仅吸引了大量中小商家加入，甚至吸引了许多微信第三方开发商转战微电商市场。2014 年年底，已经有许多微信服务商推出了自己的分销系统，引发激烈的业内竞争。2015 年，竞争将继续加剧，第三方服务型微电商面临重新洗牌。

（4）“网状结构 + 多重销售”双结合模型

与其他电商模式相比，微电商最大的魅力不是来自于它的人人可参与，而在于通过基于社交关系的网状链接结构玩转自商业模式。这样的优势也有助于构建微电商圈子，尤其在开放的平台中可以销售更多不同的商品。

未来，微电商能否实现可持续发展和长期的盈利，这个问题还存在太多的不确定性。2015 年微电商一定会面临更多的发展机遇和成长空间，所以微电商要抓住机会，把握风向，同时不要忘了维护行业生态。

电商领域鏖战再起，创业者享受社交红利需解决哪些问题?

不知从何时起，社交化电商被认为是电子商务发展的一个新的转折点。“冲破第三方平台流量分发的牢笼，带领电子商务迎来崭新的明天”的愿望就全部押在了社交电商身上了。微信凭借其拥有的 8 亿用户成为移动互联网流量的重要入口，而微信也被认为是淘宝电商在未来生存的最大威胁。微信随后进行的一系列动作也表明微信并不甘于停留在即时通信的功能层面，大有在电商领域要成就一番丰功伟业的意思。

微信先是与京东开展合作，向京东敞开了一级入口，支持京东在微信上开设电商开放平台“京东微店”；随后微信又开放了微信公众平台，消费者可以在平台上发布信息或将第三方的内容分享到朋友圈，为平台上的第三方开辟了一条传播渠道；之后微信又在新版本中增加了支付功能，标志着微信商业化正式拉开帷幕。

觉察到微信的动作再加上社会舆论的影响，电商巨头阿里巴巴也不得不开始正视正在强势崛起的微电商了。为了应对微信带来的潜在威胁，阿里也开始在移动社交领域迎战微信。先是以 5.86 亿美元入股新浪微博，在数据接口上封杀微信的来源，随后又推出了来往和微淘等移动社交产品，来与微信相抗衡。从目前电子商务发展的整个态势来看，腾讯与阿里将在社交电商领域展开正面交锋，双方之间免不了一场激烈的争夺战。

然而社交电商发展至今，已经很少提及社交电商的概念，被提到最多的概念反而是朋友圈电商、人人电商、微店等，从微信社交生态延伸出来的微电商在社交领域引起了巨大的轰动。朋友圈俨然变成了一些商家营销推广的集中营，各种品牌的面膜、化妆品、衣服、包包等渐渐充斥了整个朋友圈，同时做海外代购生意的朋友也越来越多。利用朋友圈进行营销，单月销售额可以达到数十万甚至上百万，不仅制造了一个个创富神话，同时也让大众对微电商的未来充满了美好的想象。

1．微电商陷入“传销化”困境

理想很丰满，现实却很骨感。虽然微电商的强势崛起让微电商在一夜之间成为了一种家喻户晓的电商模式，但是好景不长，近来微电商却被大众舆论扣上了“传销”的帽子。虽然称其为“传销”并不合适，但是也从中反映了大众对微电商已经存在排斥感了。微电商核心仍然是产品本身，但是在商业模式上已经偏离了正道，掺杂了些许“传销”的味道。

按照“人人电商”的说法，微电商在社交化平台的辅助下可以获得比较大的成功，但是为什么现如今却被扣上了“传销”的帽子呢？原因就在于微电商“病”了，生存环境越来越恶劣。具体来讲有以下几种原因。

（1）在微信社交平台开放之初，只有少部分人敢于尝试做微电商，而且刚刚起步的微电商由于没有成熟的模式而使其更贴近商业的本质，因而整个微电商市场呈现了良性的状态，有不少微电商从中尝到了甜头。但是，随着加入微电商行列的人越来越多，微电商市场的竞争日益残酷，部分微电商主本身在竞争中不占优势，但又想从中获利，于是走上了弄虚作假的道路，从而使得整个微电商市场逐渐呈现了一种病态的发展。

（2）在微电商刚刚兴起的时候，选择使用社交软件做生意的人还在少数，大家对于朋友圈出现的营销广告之类的内容即便不是太喜欢也不至于形成苦恼。但是随着微信生态日渐成熟，越来越多的熟人加入了社交软件，也有越来越多人开始选择在朋友圈里卖东西，朋友圈出现了严重刷屏，对消费者造成了一定的困扰。有的消费者就会自动屏蔽朋友圈的动态，这样就使得微信主原本在社交关系链中积攒下来的潜在消费者越来越少。

（3）刚开始，在朋友圈做生意，微信官方并没有实施过多的干预政策，双方算是相安无事。但是随着借助微信平台做生意的人日渐增多以及微电商生态的恶化，迫于压力，微信官方不得不采取相应的举措对其进行压制。比如说对微信公众账号的引导式分享进行了限制，规定每个用户的微信好友数量不得超过 5000 人等。

在众多纷繁复杂的因素交织之下，微电商也失去了本来的味道。从过去的以商品买卖为根本，到现在变成了依靠扩大代理层级的方式来盈利。一个总代理如果有 10 个一级代理，每个一级代理下面又有 50 个二级代理，以此类推，这样总代理根本不用关心商品是否卖到了消费者手中，只要能从这些代理商中拿到钱他们就万事大吉了。产品怎么样？消费者对产品的反馈是什么？跟他们没有多大关系。如果真按照这样的模式来经营的话，这种经营模式也不会走得太远。

2. 微电商离社交电商有多远

从目前微电商的发展形势来看，微电商的处境并非想象中那样乐观，但是否昭示着社交电商已经走到了尽头？要想理清这个问题，首先应该明白微电商与社交电商的关系。从本质上来讲，微电商是社交红利（消费者、流量和收入）的帮助下衍生出来的一种模式，是社交电商的雏形。微电商在发展过程中也遇到了一些问题，如图 4-3 所示。

（1）流量问题

社交平台本身就是一个庞大的流量入口，能接触到更多的用户，用户的黏度也比较高。在移动互联网高速发展的今天，用户将大部分碎片化的时间都用在了社交软件上。这也就意味着如果能将社交平台上的流量转换成电商流量，将带来巨大的商业价值，这些流量会形成一个个比较小的生态圈。比如在社交平台上卖面膜，只要能有1000个潜在的消费者，那么这个生意就可以长久地经营下去。而相比之下，传统的电商生态还停留在地产出租的层面上，过分强调中心化的结果就是商家对平台的依赖程度比较高，一旦平台对流量进行限制就会在经营上陷入困境。

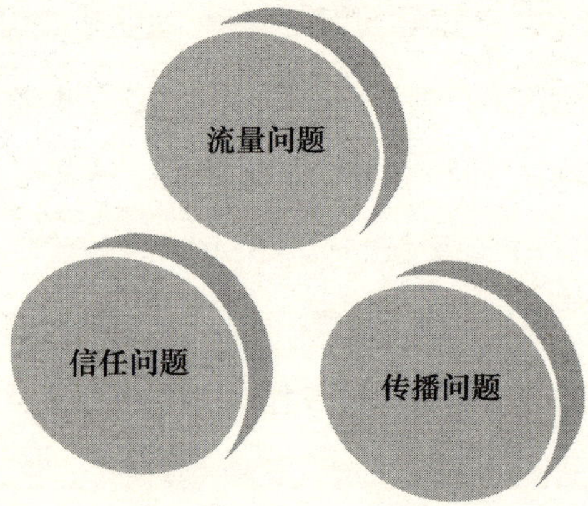

图4-3　微电商在发展的过程中遇到的三大问题

（2）信任问题

在传统电商中有第三方平台提供信任支持，而且这种信任是建立在长期积累的基础之上的。与之形成鲜明对比的是在社交平台上大部分都是熟人关系，消费者之间能迅速建立信任关系，这样就可以降低一定的交易成本。因此也就出现了很多先付款后发货的交易模式，这其中没有第三方平台作保障，消费者的信任对微电商的生意起主导作用。

（3）传播问题

在传统的电商生态中，商家的口碑和影响都是依靠消费者的评价，虽然这种参考标准对消费者做出购物选择有一定的影响，但是也容易出现弄虚作假的情况，比方说有的商家为了提升信誉等级进行刷单和刷好评。这样刷出来的评价对消费者来说就没有任何价值。但是在社交电商生态中，商家的口碑是依靠熟人关系口口相传的，而且熟人间的分享和传播也更容易让消费者相信。在朋友圈平台上，一个熟人好评的传播是呈梯级扩散的，会通过层层的传播被无限放大。

微电商作为社交电商的雏形，在社交平台上享受到了其带来的流量、信任和传播上的红利，但是如果在这些方面利用不得当，也极容易造成负面的影响。要从微电商发展到社交电商还需要时间的积累，在这一过程中微电商会遇到更多新的挑战，当然随之而来的就是新的解决方案的出现，微电商向社交电商方向发展的趋势不可阻挡。

3．社交电商面临的挑战

微电商的发展呈现病态化，也是微电商在朝社交电商方向发展的过程中遇到的比较大的障碍。迈过这道坎，前景很美好；迈不过去，微电商前途未卜。微电商能在发展初期就暴露出这样严重的问题并不是一件坏事，起码可以为想要跨进社交电商领域的企业提前敲响警钟，让他们预先考虑到发展社交电商模式可能会面临的挑战并提前做好应对方案。

（1）互联网巨头对社交电商的探索脚步放慢了

虽然社交电商的概念在刚刚被提及的时候确实火了一阵子，但是在经过了一年的发展和沉淀之后，社交电商的热度已经降了下来，就连前一阵子在社交电商领域打得不可开交的腾讯和阿里也逐渐放慢了发展的节奏。阿里逐渐将工作的重点放在了淘宝无线端上，网上有关来往、微淘等社交化产品的讨论也渐渐销声匿迹。

微信与京东合作开放的电商入口并没有得到预期的效果，而不管是微信的购物入口，还是淘宝式的电商生态，都与社交电商离得太远。因此在互联网飞速发展的大环境下，如果没有巨头们打前锋，社交电商的发展势必会慢半拍。

（2）“失控”的去中心化，微电商要怎样走？

社交电商生态与传统电商生态最大的区别就在于对信任的释放。传统电商是中心化的，而社交电商是去中心化的，但是这里的去中心化并不代表完全脱离平台，在某种情况下依然需要平台规则的引导。目前淘宝还会在微博上利用社交化元素为电商平台导流，并借助微博传播口碑，开展一系列的促销活动。

但是微信在社交电商上的去中心化却“失控”了，除了遵守最基本的平台规则外，在微电商出现问题后，也只是稍稍做一下管制，缺乏正确的引导，因而微电商遭遇的重大危机与微信的“不作为”有很大的关系。在微电商发展过程中，如何将微电商消费者转到微店上、在微店平台规则的约束下规范微电商的代理商利益链条、怎样将微信公众品台和朋友圈融合、平衡消费者体验和产品导流等问题，微信官方并没有给出答案，没有发挥好作为一个平台方应该做好的隐性管控和引导功能，结果造成微电商出现病态化发展。

（3） SNS+ 电商，应该如何实现两个场景的互通

由于长期积累的消费者习惯和一种潜在意识的影响，消费者可以在淘宝平台上放心地购物消费，但是却将微博、微信等社交平台作为一种娱乐消遣的地方。因而要做 SNS+ 电商，首先要解决好两个场景过渡的问题，但是有一定的难度。从消费者习惯的角度上可以简单明了地解释两个场景的融合为什么会有难度。设想一个场景：一个好朋友好久没有跟你联络了，突然有一天他来跟你打招呼，第一句话就说：“我最近刚买了一款面膜，效果不错，在我朋友圈第一条，你也去买吧！”你的第一感觉肯定是不舒服。站在消费者的角度上来看，他们很不喜欢原本单纯的社交关系沾染上电商的气息。

从长远来看，未来电商的发展关键在注意力上，只要能将消费者的注意力集中在社交平台上，那么电商就不可能不出现在社交平台上。怎样处理好社交和电商的关系事关社交电商的未来。这不仅需要平台方在产品上的探索，同时也需要培养消费者的习惯和意识。就目前的状态来看，要实现社交电商还有很长的路要走。

微电商繁荣背后暗藏危机，商家应及早提供个性化服务

如果说在2013年，占据朋友圈的大多数信息都是订阅号信息或营销内容的话，而2014年，占据了微信朋友圈的绝大多数位置的，则是微电商。各种护肤产品、电子产品以及代购，在消费者的微信朋友圈中层出不穷，微电商的数量实现了井喷。因此，2014年也被众多微电商消费者称为“微电商元年”。

然而，在微电商数量高速增长的背后，众多潜在的问题也变得日益突出。代理与下线、信任危机、服务保证等都陆续浮出了水面，更为关键的是身为大管家的腾讯也从未对微电商做过定性的表态。正是在这种混乱的形式下，微电商跌跌绊绊地迎来了整合行业的狂欢期。然而，在战略层面上究竟是放眼未来，通过转型升级以谋求长远发展，还是抓住机遇，争分

夺秒地赚取眼前利益。不仅是众多微电商们感到困惑，甚至连大管家腾讯暂时也缺少明确的规划。然而众多微电商和微信，都早已开始了未雨绸缪的转型尝试。

1．C2C 模式信息不对称等问题凸显

现在微电商行业的从业者，真正掌握货源、直接向供货商拿货的只是一小部分。更多的小型微电商们都是被所谓的高额利润，还有外界宣传的微电商的光明前景吸引着，怀揣着一夜暴富的梦想进入微电商行业的跟风者。我们先不讨论销售的商品质量与货品来源，只是从微电商行业的销售模式来分析，也同样存在着很多突出的问题。

互联网的出现从本质上解决了信息不对称的问题，电子商务的重要功能是让商品的信息和价格更加透明化，这也是淘宝电商的最大优势和令淘宝发展壮大的关键因素。微电商在本质上也是这样的，然而现在出现了很多妖魔化的做法。微电商的初衷是吸引品牌方入驻，通过移动互联网入口直接面向消费者，拉近与消费者的距离。然而现在很多微电商采用了互联网电商的寄生模式，出现了更多复杂的层级关系。这种反其道行之的模式让信息变得更加不对称，价格也更加不透明。

例如，一张面膜的价值是 30 元，供货商制定了 300 元的零售价。供货商采用统一的模板开展宣传，有兴趣的微电商就可以代理这款产品，拿货价格就定为 150 元。以 150 元拿到货的代理商有两种销售模式可供选择：自己销售或是发展自己的下线。

如果选择自己销售，这便涉及了另一个问题，就是熟人经济；如

果自己销售不出去或是根本不愿自己销售的话，就只能继续依靠讲故事发展下线的模式。然后，以 180 元的价格把面膜出售给二级代理商，如果二级代理发现自己同样也无法直接销售产品，也只好加价 30 元，以 210 元的拿货价发展三级代理商。依次类推，最后发展到四五级代理的时候，即使没有利润面膜也很难销售出去。这时面膜的保质期也基本快到了，无奈只能自己使用，经历了层层代理的一张面膜就就是这样实现了销售。

从本质上讲这是一种层压式的销售，大玩家并不关心产品是如何销售出去的，而是竭尽全力营造一种诱人的虚幻前景从而能够持续地发展下级代理。以此来看，当前的微电商行业就如同一座沉寂在海面之下的巨大火山，虽然主流媒体上很少有报道，在无数的 QQ 群、朋友圈、微信群内却是暗流涌动。“月入百万”“流水千万”的诱人说辞不绝于耳，“坐在家里轻松动动手指就能赚钱”的宣传更是让人很难不动心。这种虚幻的“前景”让人们仿佛又回到了 10 年前淘宝崛起时那个激动人心的奔腾年代。然而，两者的区别在于，一种是虚幻的，一种是真实的。依靠层压式的销售模式，微电商行业很难实现长久健康的可持续发展。

2. 微电商背后不可忽视的严峻问题

微电商之所以会出现如此混乱的局面，一方面是由于现在的微电商市场进入门槛很低，出现了鱼龙混杂的局面；另一方面是由于腾讯对于微电商始终没有明确的态度，也缺乏相应的管理机制。

腾讯显然不会满足仅仅把微信作为一款社交产品，于是在微信中加入了支付、打车、商用 WiFi、微店等附加功能。对于微信的微店，腾讯在早期也有一个宏伟的目标——抢占淘宝的市场。由于现在在淘宝申请开店需要一系列费用并且申请程序也有些繁琐，淘宝的自身商家已基本趋于饱和，这一切都为微信抢占市场提供了可乘之机。

为此微信基本没有对微店设置任何进入门槛，采取了免费开店、不收取任何手续费、当日提款等举措，基本可以说是零成本开店，担保交易也是推迟了很久才上线的。宽松的政策虽然吸引了大量的商家和个人入驻微店，却很难管控销售商品的质量，买家和商家的矛盾层出不穷，甚至欺骗行为也时有发生。

而微店的发展也慢慢偏离了轨道。腾讯的初衷是把微店打造成一个与淘宝类似的 C2C 经营模式，并附带京东、拍拍等 B2C 模式。然而现在微信带给京东的流量导入微乎其微，基本没有产生辅助作用，而微店也走入了畸形发展的轨道。微电商间的竞争并不是服务与质量的比拼，更多的微电商把主要精力放在了朋友圈宣传和发展下线上，于是微店的商品质量良莠不齐，并且产品品类也不够丰富。以目前微店的发展形势和微店的经营商家的水准来看，微店不仅很难对淘宝产生实质的威胁，微店模式未来也令人担忧。

对比分析一下阿里巴巴当年对淘宝的一些政策，推出天猫抑制淘宝的举措伤害了很多 C2C 店主，众多的淘宝店铺经营者将阿里巴巴的这一行为比喻为卸磨杀驴。但淘宝打击假冒产品、三无产品的力度每年都在加强。

据此分析，微电商的前景也并不乐观。一旦微信开始正视微店存在的各种问题，或是微店发展到一定阶段，不可避免地面临新一轮变革和调整。而面对未来那场对于产品、服务、质量、经营模式等的变革浪潮，现在的众多微电商中又有几家可以屹立不倒呢？对此，或许那些真正的微店经营者也未必有足够的信心。

3．传统电商转型的方向：基于社交的个性化、定制化服务

传统的电商本质上是以商品为中心的，在传统电商的经营过程中商品的质量是交易成功与否的决定性要素。首先，所有的电商都在追求爆品，只要产品质量过硬，价格又有足够的吸引力，就会产生销量神话。其次，商家的服务质量非常重要，一部分消费者把商家的服务好坏作为是否购买的决策要素。这些都是商品贸易的典型特点，只是交易的平台由原来的实体店转移到了互联网上。而微信作为一个社交平台，微电商的销售更多的是依靠好友关系，是以人为中心的。

从某种程度上来说微信是现今移动互联网时代的代表产品，是一款主打社交应用的软件。因此，在微信平台上微电商与粉丝的关系，这种人与人的关系才是最核心的商业资源。通过这种关系能够赢得粉丝的信任，这种信任便是商品销售的关键。传统电商更加看重流量和入口，追求通过提高流量导入来持续地吸引新客户。然而，在社交购物的微电商时代，商业规则发生了变化，微电商开始追求关系的深度。只有把粉丝、消费者的关系做深，才能提高消费者的购买频率，并努力把老客户发展成为下级代理。关系的深度便是打造代理层级链条的关键，然而以关系为核心的商品交易显然不是一种可持续的销售模式。

目前的现状显然并不符合微信作为一款移动社交软件的定位，也与微店的初衷相悖。基于微信的社交定位，其完全可以把发展的重心放在商品的个性化上，鼓励商家提供个性化的产品，配合熟人社交，走定制化的发

展道路，这种社交经济的形式要远胜于满是虚伪和欺骗的现有微电商模式。

另外，微信可以利用其庞大消费者和流量优势，把提供服务作为微电商的另一个发展方向，由原来单纯的商品销售商转型为服务提供商；结合微信目前已经具备的商用 WiFi、LBS 等功能，开拓 O2O 业务，打造服务品牌。从目前微信的一些测试功能中，可以看出微信发展服务供应平台的意图已初见端倪。然而现在大部分微电商并不具备提供服务的能力，现行的代理链条也极其脆弱，一旦倒塌，多米诺骨牌效应就会在很短的时间内显现。因此，个性化、定制化与服务供应的发展也意味着微电商的彻底洗牌，微电商的转型或许会比想象中来得更快更猛。

随着移动互联网迅猛发展，随之产生的各种新概念、新的商业模式的前景也会越来越好，移动电商可能很难在短时间内冲击传统电商，但注定会以星火燎原之势快速发展。没有人能够预测未来，但历史是有一定规律的。当我们回顾互联网的发展史与电子商务的发展史时不难看出，当前的微电商模式仅仅是互联网向移动互联网转变混乱期中的一种简单投机行为，它的生命周期是有限的，其发展急需一套完善的规范体系。

我们并不能悲观地断定微电商是失败的。一旦具备了制度化的销售和服务体系，在不久的将来，微电商有可能会伴随着移动互联网的成熟迸发出更强大的活力。可以肯定的是，我们将会迎来一个更加多元化的移动电商时代。

移动电商大爆发，微电商逆袭电子商务还需几步棋？

成立于 1998 年的腾讯公司可以说是中国最大的互联网综合服务提供商。这家公司在即时通信业务的基础上，逐渐蔓延到了游戏、影视、音乐、搜索、支付、社交、电商等各个行业，是互联网行业响当当的霸主，全国几乎所有互联网用户都使用过腾讯的产品。

从PC端到移动端，腾讯在社交领域的霸主地位没有任何一家企业能够撼动；在游戏、影视、支付等行业，腾讯也站到了行业前列。但是，也有几个领域犹如铁板一块，腾讯投入了大量资本和精力也没有取得满意的成绩，电商就是其中之一。

从2010年的4.5万亿元到2013年的10.2万亿元，电子商务市场交易额一直保持高速增长。在这个庞大的市场中，阿里巴巴一直稳居头把交椅。不甘心的腾讯继续努力，不断推出各种形式的电商产品，同时陆续投资并购其他电商企业。2010年，腾讯苦心经营的微博、桌面等几大核心战略业务几乎全军覆没，反而是在移动端推出的社交平台微信取得了巨大的成功，短短几年就覆盖了半数移动用户。

微信的成功给腾讯带来了新的希望，于是腾讯尝试在微信平台上建立一个完整的商业生态帝国。先利用社交功能占据移动端第一入口，再闭门研究技术，解决支付等与电子商业相关的技术门槛，然后建立电商平台引导外部商家入驻，最后将社交流量导入电商平台，完成整个商业逻辑。

表面上看，这个逻辑合情合理，无懈可击，但是在实际的执行过程中，社交出身的腾讯在移动电商领域还存有很多问题需要克服。

1．支付问题

（1）微信支付功能愈发完善，但生态还不完整

2014年3月，微信开通了支付功能，为其电商事业的发展画出了浓墨重彩

的一笔。为了进一步与阿里的支付宝一较高下，微信支付推出后陆续添加了微信钱包和转账等功能。但就目前微信支付的总体状况来看，其支付的生态系统仍不完整。

与余额宝定位类似的理财通就存在如下的问题。

余额宝之所以一经推出就受到了广大用户的青睐，是因为其恰到好处地满足了用户在支付宝中长期储值和快捷支付的需求，实现了消费端（淘宝、天猫）、支付端（支付宝）、理财基金的统一，让用户能够获得更好的综合体验。

理财通若要满足用户快捷支付的需求，需要与基金公司达成协议。根据目前微信的规模计算，意味着基金公司需要准备50亿～200亿元的垫付资金，而这是目前国内大部分基金公司都难以承担的。这也就导致了理财通只能作为金融产品的导流入口，并不能真正成为微信支付生态的一部分。

（2）投资京东，还没有为微信支付带来电商增量

2014年阿里巴巴的IPO招股书显示：2014财年，支付宝的总支付金额约38720亿元。由此可见，腾讯要想大力发展微信支付功能，必须获得电商的一臂之力。但就目前微信与京东在支付方面的合作来看，似乎并不十分理想。

出现这样的情况，主要有两方面的原因。

第一，京东虽然与微信支付建立了合作，但并未放弃自己的金融业务，因此不会大量使用微信支付；

第二，京东如果在账号、支付等多个环节与微信打通，势必容易使自身的流量转移到微信，因此会有所顾虑和保留。

这两方面的原因也就导致了微信支付很难从京东方面获得足够的支持，而只能将主要精力集中在发展微信电商上。

2．信用与商品质量问题

信用与商品质量问题是微信的另一薄弱环节。由于微信电商门槛低，从业者众，微信平台的商品质量难以保证，假货横行，而且刚开始建设电商平台的微信还没有能力建立淘宝那样的评价机制，也没有支付宝这样的第三方支付中转站；微信采用即时到账的交易方式，买卖双方的不对称以及售后机制的缺失将严重限制微信电商业务的发展。

3．产品体验的兼容性问题

众所周知，用户喜欢简便快捷的使用体验，所以互联网产品越简单越好。然而在实际操作中，企业想要追求更多的功能，产品就会做得越来越复杂，QQ就是最明显的例子。在这样的环境下，简洁的微信一出现就被用户迅速接受，占领了移动端社交领域。

随着微信的发展，功能越来越多，微信也正在变得越来越复杂，腾讯想要将各种功能都添加进微信平台；然而微信的兼容性有限，以交易为中心的电商与社交平台微信之间的联系并没有那么紧密。微信硬要开通电商模块，又要顾及用户对简洁体验的追求，只能让用户被动使用微信支付，然而用户并不一定愿意买账。另外，微信用户虽多，但都属于社交流量。他们使用微信的目的是为了通信，而不是购买商品。如何将社交流量转化成电商流量，这是一个很大的挑战。

除此之外，O2O 市场不同于传统互联网产品，它几乎没有多少规模效应。

想要做多大的市场，就得付出多大的成本。因而这个市场非常难做，很多企业投了大量的资本，也没有做出明显的成绩。在这个领域，阿里还能借助平台上600多万商家的力量，撬动上万亿的成交额，但是带着社交基因的微信一点儿优势也没有。对于微信而言，依托公众账号做音乐、视频、小说等数字内容的销售，才能发挥出微信的社交流量优势。

【商业案例】拍拍微店：再与淘宝争锋，如何捏准微电商市场的“七寸之穴”？

新拍拍网正式上线运营后，一直频繁出手。在“双11”之前，又上线了一款移动端电商产品“拍拍微店”，并把新上线的“拍拍微店”作为其在“双11”期间的主力军团。数据显示，目前拍拍微店40%订单来自于微信场景，手机QQ场景则贡献了20%的订单，其余40%的订单则来自于微博、空间、论坛等其他渠道。仅仅用了一个多月的时间，微信拍拍交易额就已接近了PC端的1/3。

拍拍微店最初是腾讯电商的微信建店工具，腾讯电商并入京东后，拍拍微店则成了京东商城平台商家的无线建店工具。拍拍网无论是在腾讯时代还是在京东旗下，其最主要的使命一直是与淘宝争夺C2C市场。然而事实上，在传统的C2C市场，拍拍网已经没有与淘宝竞争的机会了，而新兴的微电商市场则让淘宝感觉到了新的威胁，也为拍拍网提供了新的竞争机会。因此，拍拍网自然会进一步拓展微电商市场，并打造作战力更强的运营团队。

具体来说，拍拍微店的核心职能是帮助PC端的拍拍网商家在微信上开设店铺，它能够打通拍拍网、App、手机 QQ、微信等多个平台，帮助商家整合订单、消费者管理、客户服务、运维等多种功能。

1. 核心玩法：社交 + 粉丝

拍拍网在“双 11”期间在移动端推出“社交 + 粉丝”新的操作方法。拍拍网总裁蒉莺春表示：“社交关系的核心是信任，希望通过这种创新产品把购物变得更加温暖和有趣，不再那么冷冰冰。”

为此，拍拍网上线了一款拼购模式“拍便宜”作为移动端的主打产品。这款产品融合了好友社交关系和团购两个概念，还可以通过好友关系来进行分享和裂变，从而实现传播效果和销售价值的最大化。

在强调社交的同时，拍拍网还运用拍拍微店强化粉丝经济。蒉莺春认为，在传统的平台型促销模式中，平台对流量进行了垄断，类似于计划经济。而微电商环境中，商家将新客户变成粉丝后，其二次营销的成本就会大幅降低。

2014 年的“双 11”期间拍拍网把主要的资源投入到商家的拉新和留存两个方面。拍拍微店的个人和企业商家，都可以运用微信、微博、论坛等各种社交平台吸引粉丝，建立与粉丝的联系，从而向不同类型的粉丝推出针对性的促销方案。

具体操作方式是，拍拍微店在“双 11”的活动划分出了三个阶段：活动专场（11 月 1 日—11 月 9 日）、活动高潮（11 月 10 日—11 月 12 日）、活动返场（11 月 18 日—11 月 21 日）。另外，拍拍微店还会围绕微店专享价和红包裂变开展活动，所有的商家都可以在预热期前通过微信、手机 QQ、京东 App 等渠道传播店铺的红包，还可能借助 YY 群和陌陌群进行传播。

此外，拍拍微店负责人郭彬透露，“双 11”期间拍拍网会投入超过 1 亿元的资金，对拍拍网商家在无线端的广告投入进行 1:1 的补贴。

2．优势：零门槛、低成本

在谈及拍拍微店与其他微店有何差异时，拍拍微店负责人郭彬认为，拍拍微店与同行和竞争对手相比，具备三个方面的优势。

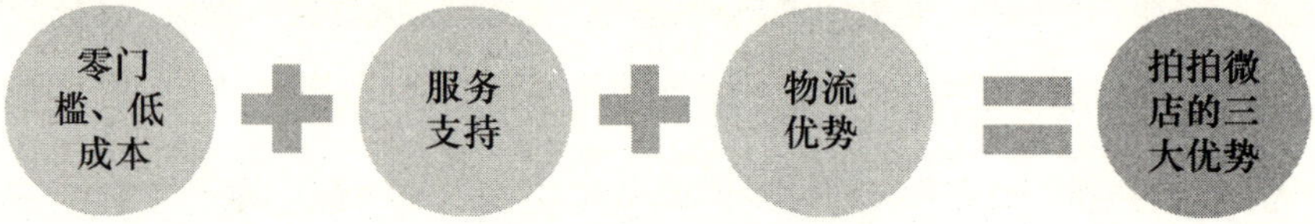

图 4-4 拍拍微店的三大优势

（1）零门槛、低成本

如果需要在拍拍网 PC 端开通拍拍微店，只需开通微信支付后便可以一键开设微店了。对普通商家来说，拍拍微店的成本接近于零，无需微信支付保证金和店铺质保金，还提供担保交易的微信支付功能，没有任何支付手续费。2015 年拍拍微店计划全面免除商家的佣金扣点、平台使用费和支付提现服务费，全力推进移动生态建设。

（2）服务支持

拍拍微店具备订单管理、店铺装修、客户管理、售后服务、物流查询、与 PC 流量互通等功能和丰富的支付手段，并且还提供手机 QQ 和微信中心化入口以及低成本的无线端引流等核心优势，能够帮助消费者有效地解决微店“缺入口”“缺流量”“缺场景”等难题。

（3）物流优势

拍拍将对所有的微店商家，开放包括京东 COD 货到付款在内的相关物流服务，从而保障消费者在拍拍微店上获得与和京东一致的物流体验。

流量分发："去中心化＋中心化"。

流量运营一直是拍拍微店项目的核心。在其战略沟通会上，拍拍微店提出了"去中心化＋中心化"的辩证式发展战略，其中去中心化是指拍拍微店不会像淘宝一样作为流量分发的大入口，而中心化是指拍拍将会整合微信、微信卡包、手机 QQ、广点通、网易新闻客户端等多种资源为拍拍微店导流。

事实上拍拍微店要发展的"中心化"并非一个真正意义上的"中心页面"，而是通过整合各方资源的流量打造一个隐形的中心，然后通过这个中心进行流量分发。

简单地说，消费者在淘宝上购物时，首先需要点击进入淘宝首页，然后再去搜寻商品进入店铺，淘宝首页是一种显性的中心入口。而拍拍微店却不十分强调首页的重要性，而是进行多方面的导流工作，拍拍微店的中心入口是隐形的。基于微信、手机 QQ 的微电商本身就处在社交场景之中，因而并不适合设立电商中心入口。事实上手机 QQ、微信给京东 B2C 业务的中心入口的销售业绩贡献是十分有限的，拍拍微店则吸取了之前的经验教训。

中心化的入口是 PC 端的流量的一个天然的障碍，也就是说商家在一个平台开店，其获得流量主要是通过这个平台中心化的入口去分发。要么销量能够达到平台搜索逻辑的权重，要么就需要投入大量广告成本。更令人担忧的是，交易完成以后，客户还是平台的，因此商家对流量的需求是持续不断的。

与之形成对比的是拍拍微店官方为商家准备了充足流量资源，在手机 QQ 的二级入口之外，还开放了裂变红包、拍便宜等 CMR 工具，并且还会通过在 PC 端的交易流程设计二维码引导、鼓励微店优惠价、首页专题推荐等多种方式为微店导流，为拍拍微店提供了充足稳定的流量来源。更诱人的是，拍拍微店的商家，能够享受到1:1的广告流量补贴。从成本核算来看，根据拍拍微店的内测数据估算，目前拍拍微店在1～2元，而其他的C2C平台获得一个新消费者的平均成本则需要10元或是更高。拍拍微店在7～8元，而其他的C2C平台获得一个订单的平均成本大都在30元以上。由此可以看出，以前在大平台基本上很难获得流量的小微电商家，将会有机会在拍拍微店上获得更好的交易成果。

在拍拍微店的启动中，前期也是需要付费流量的导入。在拍拍平台为微店商家进行流量导入之外，商家还可自主地投放广告，可以选择拍拍直投等方式，在移动端的广告位置展示自己的店铺和商品。

再战微电商

Part 5

新战场：

跑马圈地加快，传统电商与微电商的竞与合

思考、崛起和改变：微电商能否破解传统电商魔咒？

2014 年，随着智能手机的不断普及，移动互联网产业也得到了迅猛发展，国内移动电商领域的竞争也进入白热化阶段。人们信息传递方式的改变也动摇了原有“中心化”社会体系的地位，进而被“去中心化”的社会体系所取代，社会的深层结构也遭遇了前所未有的颠覆。

未来将是一个去中心化的时代。随着移动电商的发展，各种中心入口会转化成移动社区的各个入口。手机、无线和社区的发展将为人们的生活带来颠覆性的变化。与此同时，消费者的消费行为和企业的销售方式也随之发生了改变。

移动互联网的盛行，让传统互联网企业和 PC 端电商企业也感到了危机感，加快了在这个领域的布局步伐，微信电商已经初具移动电商的雏形。在不久之后，移动购物和移动支付就会取代传统的 PC 端操作，成为网购的重要一部分。虽然人们对手机的依赖性越来越大，但是电商应该如何利用手机发展移动电商，这还是一个值得探索的问题。

在 2014 年底，京东推出了“微店计划”，为开放平台上的商家提供微店建店服务，开始了从 PC 端向无线领域发展的一个过程。

早在京东之前就已经有 60 多家服务商进入了微店市场，其中最具代表性的就是口袋通和微盟。

京东运营的微电商模式主要是 B2C 模式，就是利用平台上已有的电商资源提供流量变现和消费者增值的服务。因为腾讯是京东的重要股东，或许京东可以利用这层关系在微信平台上获得更多的发展机会。

口袋通主要是为线上二三梯队的电商商家提供微店服务，微盟的客户主要是线下的传统零售商，作用是利用 O2O 方式将线下的客户引导到线上并帮助其开展产品销售。

在微电商市场日益兴盛之际，很多人又开始疑惑：微电商模式能否主宰下一个电商时代。威胁阿里和京东现有平台模式的主导地位吗？

不管这个问题的答案是什么，其中有一点是值得肯定的，就是不管中心化的电商 PC 模式发展得有多成熟，也不管其做到了多么完善的消费者体验和物流配送，微电商模式的兴起和发展，也让传统的电商运营者开始思考在新时代背景下传统电商应该怎样走好未来的路，推动了传统电商的发展和转型。

举例说明，在 2014 年“双 11”期间，京东和阿里的订单量和成交量通过无线平台和 App 方式完成的比重占到了 40% 以上，这就说明移动电商模式正在全力超越和颠覆传统的电商模式，传统电商的地位已经受到了强烈的撼动。

对于线上的电商经营者来说，增加微信等社交化新渠道，为他们多提供了一个营销平台，同时可以加大商品的推广力度，是有益无害的，并且在发展初期还节省了一部分推广费用和平台费用。

虽然要将社交化关系完全转化为电商关系有些难度，但不管怎样目前已经在市场上出现了融合了社交化与电商化因素的新电商模式。

1. 微电商的两个重要平台：微信和微博

在现今 O2O 格局下发展的微电商主要有两个消费入口：一个是以人为基础的微信入口，另一个则是以产品创新为基础的微博入口。虽然电商圈内有关微信和微博电商的讨论一直没有停止过，但是却依然没有实际的解决方案。

（1）（弱关系）创新的微电商 = 微博前台 + 淘宝后台

微博是建立在社会性网络服务基础上的广度媒体，同时也是一个口碑的定制搜索，品牌即口碑，因此未来消费者在口碑基础上进行的搜索将会成为移动电商领域消费者进行搜索的主要线索。换句话说，在现在的电商中消费者通过关键字搜索出现的是商品的列表，而在移动电商时代，消费者在定制搜索中输入关键字出现的就是口碑列表，消费者可以根据口碑选择商家。

搜索新浪微博同样也可以出现系列口碑的分享线索，美丽说就是利用口碑分享开创了一种新的盈利模式。虽然在 2013 年 10 月，美丽说遭到了淘宝的封杀，但是它却因祸得福，面对淘宝的强势封杀不仅顽强地生存了下来，还完成了一次重大的转型。

（2）强关系的（品牌）微电商 = 微信前台＋品牌电商

微信也是一个 SNS 媒体，但是与微博不同的是，微信是一种强关系的深度媒体。这一区别使得二者在发展电商方面也有着明显的区别。微信是在强关系和信任的基础上进行的产品销售，也就是说微信比微博更适合做品牌产品的销售。比如，小米手机在拥有了一定的知名度和影响力之后在微信上卖得非常火爆，就是得力于消费者建立的强关系和消费者对品牌的信任，而在没有获得知名度之前适合在微博上销售。从这个方面来说，小米的发展可谓是得到了天时，在小米刚兴起，进行品牌推广的时候，正是新浪微博比较火爆的时候；而小米积累了一定的知名度开始在网上销售的时候，微信火起来了，小米借助微信也卖得比较火爆。

正是因为微博和微信两个电商平台的差异，才造就了微信品牌电商的形成。许多人在其中发现了一个惊人的现象：许多品牌在发展初期是在微博平台上的，但是当品牌长大之后进入了微信平台。换句话说就是阿里系来孵化品牌，腾讯系来赚钱。这对于马云来说当然是不能容忍的一件事，因此才推出了来往，成立深圳菜鸟网络，完善云物流体系的布局。目的就是希望创新品牌在新浪微博上孵化之后，来往能够承接长大后的品牌。马化腾当然意识到了马云的意图，腾讯的短板就是缺乏成功的电商运营经验，易迅就是一个典型的例子。一旦马云完成了在物流方面的布局，阿里与消费者之间的距离就会被进一步拉近，到时候就真的没有微信什么事了。因此，微信选择加入京东，依靠其自建物流来对抗新浪微博、淘宝和菜鸟的包围。

2．微电商能否破解传统电商魔咒？

当阿里和腾讯在微电商入口正打得不可开交时，人们不禁开始思考这样一个问题：传统电商在移动互联网时代的出路在哪里？有一点可以肯定的是，没有任何一个人有能力再造一个新浪微博和腾讯微信，因为那个时代已经过去。因此说传统电商的出路包括以下几种：发展京东商城以及天猫这样的综合性电商，做像聚美优品一样的垂直电商，抑或是做基于地理位置的餐饮服务电商和高德地图电商等。

2014 年年初，移动电商领域已经拉开了一场激烈的争夺战，战场上的主要力量就是阿里和腾讯，而其他电商网站则纷纷开始站队，选择各自投靠的势力。当然参与站队的电商网站也要有一定的实力，没有实力的网站根本没有站队资格。一般情况下，是否有站队资格是以投资商的能量多少为参考标准的，这同时也会影响电商网站的站队方向。有的电商网站因为国内的激烈竞争不得不寻求海外上市来获得庇佑。总之，在过去几年时间里比较火爆的电商行业，在未来三年内将会面临重新洗牌。传统电商要么被收购，要么被淘汰，要么选择海外上市来获得暂时的喘息机会。

一种颠覆传统电商的商业模式：社交+电商+社交

随着微信、微博等社交平台上微电商的兴起，传统电商也看好了这个市场，加入微电商阵营。2015 年 1 月，京东推出了手机端应用拍拍微店，接入微信一级入口，面向京东平台的第三方商家开放。京东准备效仿微信朋友圈，在拍拍微店建立购物圈，希望能将社交平台流量变现为电商流量。一些微电商闻风而动，对此表现了极大的兴趣，势将微电商进行到底。被传销旋涡搞乱的微电商市场似乎要迎来新的时代。

1. 微信电商是一种逆商业的社交电商

电子商务是指在互联网进行的商业活动，是传统商业活动各环节的电子化、网络化，其中心仍然是商品交易，电商发展到一定程度，才会出现社交，而且社交也是为商品交易服务的，用公式表达就是电商 + 社交；微信则是一个彻头彻尾的社交平台，这个平台拥有了数亿消费者之后才逐渐发展出了商品交易的功能，这个顺序背离了传统的商业顺序，并且商品交易依靠朋友圈的社交关系进行，即社交 + 电商 + 社交，在这个平台发展起来的微电商其实是社交电商。

对于消费者来说，二者相较自然是前者更专业且方便。从社交平台购物，在购物之外还要搭上时间成本，不值当。面对这种状况，微电商应如何突围？

基于庞大的微信消费者基础，微电商要做的就是把陌生人变成熟人，把熟人变成粉丝，把粉丝发展成客户，利用层层的社交关系，建立一个封闭的商业帝国。

2．朋友圈中的巨大商业价值

虽然平台众多，但是最被看好的还是微信朋友圈，其他的社交媒体都有着各种各样的问题。比如与微信齐名的微博，消费者太分散，除非已经建立了庞大的粉丝群，否则很难引起大规模的关注；网易的易信、阿里的来往虽然注册消费者也不少，但是活跃度与微信不能同日而语；微信小店看起来风风火火，但是真正赚钱的还是少数；至于其他的BBS、QQ空间、社区、贴吧等做营销更是困难。一番比较下来，还是朋友圈做营销容易，而且早期在朋友圈卖东西的那群人已经捞到了第一桶金。

对于大众来说，实在没有比朋友圈更适合做营销的地方，所以尽管官方严厉打击，但还是屡禁不止。对微电商而言，目前的选择中只有朋友圈才能支撑起行业的未来，京东的购物圈计划就是针对这点设置的。

3．微信的野心：左手B2C，右手C2C

2014年5月，微信公众平台推出了微信小店，这个经营C2C业务的平台实现了技术“零门槛”的电商接入模式，也吸引了几百万个小店入驻，然而这个平台至今还处于不瘟不火的状态；几个月后，面向B2C业务的京东微店就已经上线，如此急切的行为，更加凸显了微信发力电商的野心。微信小店并没有取得乐观的成绩，也没有表现出巨大的潜力，那么京东微店的推出，是否一定能托起微电商的未来？就目前来看，情况也不是十分乐观。

（1）用流量为王的思维来做移动电商

由于已经与腾讯联手，京东微店同时拥有手机QQ和微信的两大移动平台的流量，几乎囊括了全国所有的智能手机消费者，因而流量完全没有问题。但是作为微电商，流量只有转化为消费才有意义，而如何将这些流量转化为潜在的消费，京东微店还没有找到有效的途径。

（2）门槛高，很多商家玩不转

目前，想要在京东微店开店，必需已经入驻了京东平台。京东现有的第三方商家共 5 万家，也就是说，京东微店的最大规模就是 5 万家。在这些商铺中有 7600 家绑定了微信服务账号。“双 11”期间，绑定服务号的商家数量上涨了 6.3 倍，这一数据对于整个电商行业来说微不足道。京东微店的这一举措是为了保证商品的质量和商家的可靠，但是这一门槛也意味着对更多商家的拒绝。

（3）营销方式将只能通过微信来完成

微信是一个封闭的系统，所以京东微店的商家只能在微信内部完成所有的交易环节，包括营销，这就限制了传播渠道和传播范围。在固定的范围内开展营销，无疑对营销过程的精准化要求很高，商家需要知道哪些人是自己的潜在客户，但是京东微店显然无法实现粉丝的精准定位。

4. 移动电商未来的 4 个走向

近几年，移动电商行业已被社会认可，大量的资金投入了这个领域。移动电商的繁荣，只是或早或晚的问题。从现在的情形推测，未来的移动电商可能出现不同的走向。

（1）微信对电商的冲击以失败告终，资质比较好的 App 应用被阿里收购，按照以交易为导向的思路在阿里麾下发展，走美丽说、蘑菇街的路子。

（2）如果没有后续资本的注入，很多电商 App 和微店 App 在经过激烈的混战后面临资金问题，整个行业重新洗牌：一部分向做垂直化和深度化纵向发展，一部分转型其他行业，一部分被并购或淘汰。

（3）在互联网领域，百度、阿里和腾讯是不可撼动的三巨头，移动电商领域也只有这三家能做生态。在电商领域，从 PC 端到移动端，都是阿里巴巴一家独大。在移动端能与阿里有一拼之力的，也只有腾讯一家。因而未来的第三方电商平台要么依附阿里，要么做微信的附庸。

（4）京东微店挑起微电商大梁，与微信小店一起抗下社交化电商的攻坚战。如果这种模式最终成功，将会引发一大批社交 App 向细分垂直领域市场发展。

承载了众多期盼与质疑，在一开始就经历曲折的微电商，到底会一飞冲天还是黯然离场，只有依靠时间来揭晓答案。

京东欲借拍拍微店叫板阿里，微电商行业或面临洗牌

移动互联网时代，随着微博、微信等社交平台的兴起，社交电商逐渐发展起来。微信小店、微卖场、口袋通等各类微店产品层出不穷，就连老牌电商大佬京东都没能例外，通过京东微店，强势进入微电商行业。

京东微店欲效仿朋友圈机制，建立购物圈，并且采用货到付款的支付模式。与之前风风火火的朋友圈代购相比，京东微店在交易安全上显然更进了一步，解决了退货、退款难等售后问题，保证了消费者权益。

1．京东微店宣布运营

2014 年 10 月，京东开通了移动端微店铺“拍拍微店”，向京东 POP 平台上的所有第三方商家开放，并为商家提供了一键开通和店铺装修服务。在之前一

个月的内测期间，入驻拍拍微店的商家已超过5000家，并且全部使用微信支付，确保支付安全。这期间收到的订单中有40%来自于微信，20%来源于手机QQ场景，还有40%则来自于空间、微博、论坛等渠道。

2015年1月，筹备已久的拍拍微店App上线，这款集“一键开店”“一键分销”和“一键分享”等功能于一身的管理工具，将帮助个人商家、传统批发商和电商们快速转型移动互联网，拓展社交商业。拍拍微店的上线，是京东在移动市场的重要布局，利用腾讯微信的消费者规模优势，京东跳过了PC端，欲在移动端制衡淘宝。

除了订单管理、CRM、店铺装修、物流售后等基础功能外，拍拍微店还支持与PC流量互通、微信支付、微信和手机QQ中心化入口等多项服务。在支付环节，京东微店效仿淘宝实行货到付款，消费者在任意商家购物，货款都会先支付到拍拍账户，等到消费者确认收货以后，商家才会收到拍拍账户转来的货款，如果收到的货品有问题，拍拍就会退款给消费者，从而有效地规避交易风险。

虽然微电商市场已经有了许多交易平台，其中有些朋友圈代购生意也经营得风生水起。但是拍拍微店有大电商京东做后盾，又有微信的消费者流量，可以说是整个微电商领域最大牌的正规军，拥有巨大的发展潜力。拍拍微店的推出，将对其他的微电商平台造成巨大的冲击，同时有利于肃清微信上暴力刷屏、疯狂发展下线等市场乱象。

2．京东布局微店被指叫板淘宝

无论是传统电商还是移动端市场，阿里一直独占鳌头，尤其是旗下经营C2C的淘宝，更是牢牢占据市场垄断地位。2013年，在整个C2C电子商务市场，有96.5%的交易发生在淘宝平台，而拍拍网仅占据了3.4%的市场份额。2014年第一季度，中国移动电子商务市场规模达780.2亿元，手机淘宝以78.3%的市场份额位列行业龙头，而站在第二名位置的手机京东仅占7.2%。

趁着微信的东风，社交移动电子商务微电商迅速发展，京东仿佛看到了挑战淘宝的希望。借助微信深厚的消费者基础，推出拍拍微店意图分割移动端市场。外界视此为对淘宝的公开宣战，而拍拍则表示此举只为做差异化移动电商，并非挑战淘宝。业内人士认为，拍拍正利用微信对淘宝的屏蔽，重构微信C2C电商生态圈，借着微信淘宝互掐的机会突围。

电商经过多年发展，经营模式已经十分成熟，市场也已饱和，商家竞争非常激烈，生态流量成本越来越高，中小商家经营困难，越来越多的个人商家黯然离场。因此，转战移动端市场之后，越来越多的商家希望可以绕开平台，直接与消费者进行沟通、维护和交易，从而降低流量获取成本。此时微店的出现，正好满足了众多商家对“去中心化”电商模式的期待，商家可以在各个流量平台之间自主引流，不用再从垄断着流量的电商平台处购买流量导入服务。

拍拍微店之前，微信已经在移动端电子商务市场做过多番尝试，但是无论是朋友圈代购，还是微信小店的开张，都没有对淘宝的地位撼动分毫，很大原因在于微信的社交基因远比交易强大，敌不过淘宝这样专业的电商。而京东旗下的拍拍本就是专业的C2C电商平台，拍拍微店作为京东和腾讯的强强联合，能否从阿里手中引流出一部分消费者？能否对淘宝形成威胁？目前还无法妄下定论，但可以肯定的是，拍拍微店比之前的尝试更具成功可能。

3．拍拍微店能否成新宠面临考验

集结了腾讯的流量优势和京东的电商资源，拍拍已经将移动端微店和PC端的商铺一键打通，加上货到付款的支付模式，现在看来，消费者对拍拍微店还是比较容易接受的。京东也希望通过拍拍微店对C2C市场重新布局，进一步丰富原有的电商生态。如像淘宝一样引入大量的中小商家，以及提供丰富多样的长尾商品，为消费提供更全面的商品和服务，京东甚至还设立了独立子公司运作机制，保证拍拍微店得到更加灵活的管理。

拍拍微店之于淘宝，不仅仅是两个电商平台的竞争，更意味着移动社交商业对传统电商模式的挑战，这条路注定不会是坦途。拍拍微店的发展，还存在着许多障碍。

尽管拍拍享有手机 QQ 和微信两大社交平台的消费者流量，但是只有转化成销售才能实现平台价值的变现。如何利用这巨大的社交流量促成订单的生成，京东还没有有效的办法。另外，整个 C2C 市场都处于萎缩阶段，甚至垄断市场的淘宝也受到了波及，这个时期才进入 C2C 的拍拍微店在拓展业务方面的困难更大。

在消费者方面，购物习惯一旦养成，再改变就十分不易。对消费者来说，淘宝就是购物平台，微信就是聊天的场所，二者的分别一清二楚。要让消费者在有购物需求时想到微信，需要漫长的努力才可能实现。尤其是淘宝在 C2C 领域的长期垄断，养成了消费者根深蒂固的淘宝习惯，改变起来更是困难。

最后，对于微店这种新型的商业模式，相关的政策和监管机制远远没有健全，支付安全也存在不小的风险，而且支付工具也不够灵活。如何健全监管机制，完善支付体验，保障交易安全，避免交易风险，都是拍拍微店需要仔细研究的重要课题。

腾讯借微信亮剑，电商“三国群雄传”终上演

电子商务在中国的发展之路从不缺乏刀光剑影、明争暗斗，从阿里巴巴的横空降生，到电商领域的群雄逐鹿、千团大战，整个过程都不缺乏商海故事。

而京东上市之后，微信宣布为京东开放一级进口，似乎已经注定了两者之间的联盟。与此同时，也有人认为这预示着移动电商领域已经从一家独大，演变成了三国演义，即阿里巴巴、京东与微电商的三国鼎立之势。

1. 电商领域的三国格局

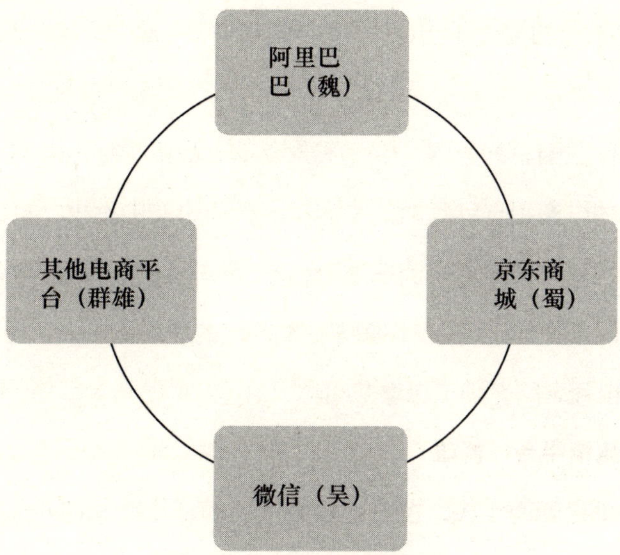

图 5-1 电商领域的三国格局

（1）阿里巴巴（魏）

将阿里巴巴比作比作三国中实力最强的魏国，应该是无可厚非的。在 PC 电商领域，阿里巴巴更是当之无愧的霸主。而在移动端，来自艾瑞调查数据显示，在 2013 年中国移动端零售成交额中，手机淘宝、天猫的销售额就占了总额的 76.2%，京东只占了 5.2%，腾讯电商（拍拍网、QQ 网购、易迅网）所占份额只有 1.5%，至于当当网、苏宁易购、亚马逊中国等平台更是位于末流了。

（2）京东商城（蜀）

在电商领域，我们可以把京东商城比作昔日的蜀国，凭借着其日益壮大的物流系统与购物体验，刘强东所开创的京东在电商 B2C 领域占据了 22.4% 的份额（该数据来源于中国电子商务研究中心），其实力也不可小觑。

而今京东割让股份，以换取腾讯电商与微信的进口，并且已经上市成功，可谓“粮草充足”。日后凭借京东商城自成体系的物流系统，再加上重组后的京东微信与拍拍网，想必会让阿里巴巴这个霸主难受一番。

（3）微信（吴）

将微信比作三国里的吴国，倒也形象生动。腾讯将腾讯电商“陪嫁”给了京东之后，它的电商平台就是微信小店了。微信小店的推出，也说明腾讯并没有完全切断自己的电商之梦。而在这个移动互联网时代，微信作为如今独一无二的超级 App，凭借其超高的使用频率、3.96 亿的活跃用户，以及无所不在的使用场景，让其电商之路充满了想象空间。

（4）其他电商平台（群雄）

既然是群雄逐鹿的年代，在电商领域也少不了其他电商平台。百度坐拥强大的流量搜寻资源，可惜并没有将电商做大、做强的才能，只是偶尔出来刷刷存在感；国美在线、苏宁易购等电商平台，虽然后台强大，但是一直也翻不起大浪；而 1 号店、唯品会、当当网、亚马逊中国、聚美优品、凡客等平台也只是各自割据一部分小城池，没有与巨擘相争的实力。

总体来看，阿里巴巴无疑还是电商之战中赢面最大的，毕竟它在 PC 端电商领域已深耕多年，拥有年活跃买家 2.31 亿，年活跃商家 800 多万，在电商领域可谓实力雄厚、人强马壮。而今最大的变数还要数京东与微信的攀亲，这两家联盟之后，似乎有意在移动电商领域与阿里巴巴一争长短。

2．移动电商领域三国鼎立，谁主沉浮

这场移动电商之争到底鹿死谁手，还需考虑以下几个方面。

（1）阿里巴巴是否已备好“粮草”与“重马队”？

阿里巴巴在移动电商领域的疯狂投资既让人们看到了其进军移动电商领域的决心，同时也暴露了其对移动电商迅猛发展的紧张。毕竟PC端电商才是它的大本营，而PC端的电商经验还未能完善地嫁接到移动端。在移动电商呈迅猛发展之势的情况下，也由不得它不紧张。

如果说在陌陌、微博的投资是为了抵御微信的话，那么在优酷、UC、高德、美团等的投资则是为进军移动电商准备更多的资源或者“粮草”。而最终这些资源是否能够顺利整合，并且高效利用，则会直接影响阿里巴巴在移动电商领域的整体战略。

除了这些投资行动之外，马云意欲打造的菜鸟网络则是阿里巴巴可能决胜的“重马队”。不过，与马云一向的高调不同，这一号称一期投入1 000亿元的智能主干网络倒是低调得可怕，不知是否会作为一股奇兵抵御京东强大的物流系统。

（2）京东与微信的结盟是否可以长久？

腾讯与京东结盟之后，获得了一部分的京东股份，在京东成功上市之后其股价自然也是水涨船高；京东借了微信进口，并且借此获得了更高的估值，也算有失更有得。至于微信进口的作用到底有多大，虽然短时间内还很难估量，但仅靠微信庞大的用户数量就很值得想象了。

如此看来，两者的合作还算相得益彰。不过，商海之中既没有永恒的敌人，也没有永恒的朋友。腾讯虽然将腾讯电商陪嫁给了京东，但是也又推出了属于自己的微信小店。尽管其矛头主要针对的是阿里巴巴，不过也仍会让人浮想联

翩，不知道腾讯与京东的联盟是否能够长久。

（3）微信电商化是否能度过困难期？

微信存立的基础还是社交，从一个社交平台转战电商，胜利与否还未可知。可以说，微信这艘巨舰如今承载了太多梦想，这些梦象是否真能实现，并且打破阿里巴巴的防守，打一个漂亮的翻身仗，这还难以预测。但是可以预见的是，微信的电商化之路注定不会一帆风顺，要先渡过初时的困难期，才能再论其他。

（4）微信的立场是开放还是闭合？

微信不但有着200多万的公家账号，还有很多第三方微信开发商和服务商，比如口袋通、微盟等。微信对它们是什么态度还未确定，是开放了一起玩儿？还是把它们挤开？目前还不确定。若是基于“人多力量大”的理论来看，只要第三方微信开发商和服务商愿意加入，似乎开放了一起干也能增添不少实力，毕竟第三方也都颇具电商履历和实力。

【商业案例】垂直电商同质化高，电商企业的商业模式如何创新？

随着流量获取成本越来越高，资本市场持续低迷，传统电商在经历了数年的发展与辉煌之后，进入了行业调整时期。众多垂直电商经营不善，尤其是中小电商，纷纷转型或者倒闭。存留下来的也投入了大电商的怀抱：母婴在线商城红孩子，2012年以6600万美元卖身给苏宁；中国最早、规模最大的本地服务团购平台24券，2012年在沉默中死亡；鞋类零售网站乐淘网，2013年因供应商关系，被迫转型做自主品牌。

除了整个市场的环境因素之外，电商本身也对这样的结果负有不可推卸的责任。同质化的竞争造成客户忠诚度的缺失，甚至毫无重复购买，除了持续的广告攻势，电商没有什么有效的营销手段。可控的流量成本、合理的毛利润、较好的品牌忠诚度和客户回头率，三者同时满足才能形成一个健康的经济体。很多电商不具备这三个条件，所以失败是理所当然的，也无可挽回。

放眼整个电商市场，还有很多成功的企业存活下来，同样身处高流量成本、低毛利和低复购率的市场环境，他们是如何应对的呢？

1．微博电商：roseonly

2011 年 12 月，上海的野兽派花店在微博上完成了注册，店主把平时送给朋友的花放了上去，再配上简单的文字介绍，这个店铺就开张了。一年以后，这个只存在于微博的小店，粉丝已经超过 18 万，甚至包括刘嘉玲、井柏然、高圆圆、马伊琍等许多演艺界明星。

野兽派花店的成功，颠覆了整个行业的传统认知。人们第一次发现消费者获取渠道不只有网站、手机 App 这样昂贵的平台，利用微博和微信平台就可以花费较小的代价获得有效的品牌传播；只需要在微博开个账号，就可以获得网站的所有功能，订单可以通过私信沟通，支付就用支付宝完成。

上海的野兽派花店大获成功之后，2013 年 1 月，北京的 roseonly 专爱花店又异军突起，这个高端花店在两周内狂卷 20 万粉丝，开业一年不仅拿到了三轮投资，而且还把单一品牌 roseonly 延伸到了日常鲜花“专爱”和奢侈定制婚礼用花等品牌，风头完全盖过了野兽派。

一般情况下，某个品牌一旦在行业内取得第一名，后来者就很难超越，而 roseonly 的成功则证明凸显了微博的特殊。在微博这个碎片化极为彻底的平台，任何品牌都无法完全占据到消费者的注意力，第一名的位置谁都可能坐上，即便在已有龙头老大的领域，新的品牌依然有可能实现弯道超车，这种情形在其他类型的互联网商业模式中可不多见。

roseonly 之所以能够超越前辈，归功于其独特的运营方式。在客户定位上，roseonly 采取了微博“大 V”常用的传播路线，娱乐线与专业线齐头并进：在娱乐线，通过李小璐等娱乐明星的转发推荐，进而触达其众多粉丝；在创投界、IT 界，通过宣传“一生只送一个人”的创业理念，获取 IT 媒体的热捧。两条路线同时开花，在一周内就为 roseonly 贡献了 10 万粉丝。

【模式优势】为了凸显其高端定位，roseonly 经营的所有玫瑰都来自于世界一流的玫瑰园。从种植、采摘到包装，从每个细节上体现其高贵极致之美，从而实现了较高的毛利和客单价。普通花店的玫瑰一支定价 5 ～ 20 元，而 roseonly 的玫瑰能卖到 999 元一朵。另外，roseonly 的品牌营销主要是通过微博进行炒作和口碑传播，获取了低价流量和忠诚粉丝，解决了传统电商模式下高流量成本的问题。

【模式劣势】在繁荣的表象之下，roseonly 模式同样避免不了短板的存在。由于鲜花品类门槛较低，所以同类型经营者众多，从连锁花店品牌莎啦啦，到互联网花店百家争鸣，最后一个一个都成为历史。从业者分散，客户黏度不高，是整个花店行业的普遍问题。虽然 roseonly 以进口花、礼品、花艺、故事营销等新的概念重塑了网络花店市场，但是那些固有的问题依然存在。另外，微博平台不可控因素较多，消费者的沉淀也需要更多的时间来完成，因而从长远来看，roseonly 还是需要建立网站以及独立的品牌知名度。

【启示】从野兽派和 roseonly 的成功，我们可以得到很多启示：利用微博效应解决高额流量成本，通过情感营销提高产品毛利，一下子解决了传统电商的两大问题。除此之外，利用微博进行本地化的小而美电商服务，也是一个优秀的创业选择。

温州的 SummerwayCake 是一家微博蛋糕店，这家店的蛋糕味道不错，所以尽管价钱一点儿都不便宜（一个 8 寸的蛋糕就能卖到 250 元），但是生意十分火爆。老板在新浪微博注册了一个账号，然后放上自己的蛋糕作品图片和简单的文字说明，就这样简简单单地开店了。当地的消费者通过微博私信订购，然后去指定的地点自提。如此运营的一家店铺，在微博甜品界异常火爆。

仅仅在温州一个城市，这样的微博美食店就多达二十几家，不声不响地开始了他们小而美的微电商创业之路。

2. 微信电商：微信卖板鸭

2013 年年底，微信上出现了一位卖南京板鸭的柴公子。他的团队只做两件事：一件是拉消费者，另一件是通过电子商务来变现。靠着这样的运营方式，短短 40 多天板鸭的销售量就达到了预期目标的 3 倍，微信好友量也增长了 10 多倍。

柴公子的团队用了很多办法来聚集消费者。如在微信上建立了很多本地的吃喝玩乐消费者群，还从陌陌等社交平台挖来了拥有众多粉丝的美女过来工作。当消费者群达到一定规模，就号召粉丝关注其公共账户，然后在公共账号上售卖板鸭。现在，该团队也开始考虑售卖其他适合南京市场的电商产品品类。

【模式优势】传统电商的营销一般采用短信群发方式，仅这项费用就不是中小商家能够承担的，而微信电商的信息推送完全免费；与微博相比，微信的传播速度略逊，但是依旧可以被分享到朋友圈或者群对话；另外，微信采用的强制提醒推送服务更加精准，效率更高，微信消费者更容易打开商品链接，购买商品的可能性也比较高。

【模式劣势】相比于微博的单向信息发布，微信更倾向于客户管理平台，微信消费者更想要双向的沟通。如杜蕾斯的微信账号，每天收到的留言多达 2 万条，杜蕾斯只好设立专门的团队来处理和回复这些留言，但是中小型的创业公司无法承担微信信息处理成本。微信电商只有专注于如何提高客单价和毛利水平，才能获得更高的利润。

【启示】微信是一个精准的信息平台，所以微信电商想要成功，就必须保证信息的精准。比如卖板鸭的柴公子，只有在南京这个习惯吃板鸭的市场才可能成功。如果广告推送到不吃板鸭的外地人账号，就成了被即刻删除的垃圾信息。当客户精准到某种程度，微信广告就成为了信息，届时客户的发展也仅仅需要发展忠诚客户，不需要再大海捞针地发展新客户。

3．社区电子商务：铁血网

社区电子商务是具有社区属性的消费者在社区网站进行的交易行为，铁血网就是这种商务模式的典型代表。

2001 年创立的铁血网是军事社区，很难产生精准的广告投放效益，因而无法像其他网站一样靠广告为生，最后铁血网只好走向了自有军品商城的道路。从 2007 年年底开始向海外客户发送广告邮件，到推出自有品牌“龙牙”，铁血网已经成为能够提供社区、电子商务、在线阅读、游戏等产品的综合平台。2011 年，销售额已经达到 7000 多万，毛利润高达 40%。并且，由于铁血网拥有大批高度细分的消费者，因而铁血网的流量获取成本几乎为零。

【模式优势】铁血模式的成功，仅仅是依靠消费者和品牌得来。消费者是商业价值的源头，而品牌则意味着高附加值，也是电商提高利润的首选途径。铁血做的是垂直军事社区，掌握着大量的消费者，解决了消费者流量的获取；而自有品牌的创立，则提高了铁血网的商品毛利。

【模式劣势】铁血网作为一个独立的电子商务平台，其具体运营牵涉到多个环节，也就意味着管理复杂、可扩展性弱，因而铁血网面临着行业天花板明显、业务增长速度较慢、骨干员工培养不易等诸多挑战。

【启示】除了军事领域之外，社区电子商务在其他垂直细分领域仍然具有很多的可能性。更多基于兴趣爱好的小而美社区，都可以选择社区电子商务模式实现变现。但是如果规模做大，就会遇到管理和人才的瓶颈。与其他电商模式相比，兴趣和生意的结合，构成了社区电商的独特魅力。

4．达人电商：乐蜂网与 Ayawawa 的娃娃美颜课

著名电视节目主持人李静创办的乐蜂网是达人电商的成功代表。除了代理很多大牌美妆，乐蜂网还推出了自主品牌“静佳”。在众多电商身陷价格战的今天，主打达人经济的乐蜂网则另辟蹊径，利用达人自身的影响力，不断开发周边产品，从而带动粉丝消费，最大限度挖掘明星达人背后的经济效应。

乐蜂网的成功，与李静本身的明星效应休戚相关。达人经济只适合大明星么？也不尽然。互联网时代，小达人一样可以变身成功的达人电商。

Ayawawa 是天涯和猫扑的网络红人，以“聪明的女人没我漂亮，漂亮的女人没我聪明”的言论迅速走红；积累了很高的人气之后，Ayawawa 转型成为恋爱专家，以一本《别把男人不当动物》继续走红，并且通过博客、电视和图书出版迅速成为该领域的“教主”。微博兴起以后，Ayawawa 继续扩大自己的影响力，成功吸引了 67 万粉丝的关注。

粉丝基础夯实以后，Ayawawa 开通了娃娃美颜课，在淘宝网店卖化妆品，将微博粉丝导入到淘宝店铺。由于 Ayawawa 的粉丝多是具有购买力的高层次女性，所以尽管商品的定价颇高，生意依旧红火。目前，Ayawawa 的商品品类已经扩大到空气净化器等更高单价的家电产品。

【模式优势】达人电商模式的优势很明显，就是达人本身的影响力。粉丝基于对达人的信任，也会信任达人推荐的商品，这就解决了流量的获取。同样，出于对达人的信任，粉丝在一定范围内也可以接受更高的客单价，也就提高了客单价和毛利润。同样，粉丝的复购率也会比其他的电商模式更高。

【模式劣势】达人模式同时解决了传统电商遭遇的三大难题。尽管如此，这种模式仍存在其短板，就是扩展困难。达人模式的成功建立在达人和粉丝的交流基础上，达人本身必须具备与产品相关的形象和内容，才能建立起有效的粉丝群体。这种经济模式如果不能持续提高，达人本身的影响力反而会限制企业的成长。

【启示】在如今的移动社交时代，每个人都可能成为达人，缔造成功的达人经济。成为达人的前提，是深刻理解自己的潜力，然后经过持续的坚持和努力，成为某个领域的专家。到时候，自己在那个领域中就会拥有发言权，你的意见就会影响到更多的人，达人经济的基础就铺好了。

5. 小结

随着时代的进化，各种终端不断更新换代，人们的思维模式和购物习惯也在不断变化，因而电商的成功模式不是一成不变的。如果跟不上时代的脚步，今天的繁荣也许就成为明日黄花，而聪明的创业者也随时可能发现新的电商机会。随着社交平台的兴起，电商高价购买流量的时代逐渐成为历史。电商和零售业的结合刚刚开始，更多新技术的推出，将更深入地影响电商行业的发展。

无论环境如何变化，只要跟上时代的步伐，结合自己的优势做出正确的选择，就有可能成就新的电商传奇。

再战微电商

Part 6

新商机：
微电商强势崛起，传统企业如何再次腾飞

微电商来袭，传统企业如何发现痛点、对症下药?

任何一个行业和企业的发展，都不可能脱离大的环境和趋势。因此，对传统企业，尤其是已经错过了电子商务最佳时机的传统企业来说，必须紧抓移动互联网给予的机会，牢牢拥抱微电商。

以微电商的主要阵地微信为例，截至 2014 年年底注册消费者数已经超过了 8 万，其中不仅包括大批的“80 后”“90 后”年轻群体，也不乏“70 后”“60 后”、甚至“50 后”的群体。经过几年的发展微信的模式已经日渐成熟，认识到微信的商业价值，开始将微信作为营销阵地的个人或企业也越来越多。近两年，微信上也涌现出了一批发展不错的微电商品牌，比如欧蒂芙、俏十岁等一年的销售额已经能够达到十亿级规模。

由于微电商体现出了高于传统零售和电商的优势，移动互联时代的背景也为微电商的发展提供了绝佳的时机，因此，加入微电商大军的企业越来越多。在这样的形势下，如果传统企业仍然停留在旧的运营策略当中，在不久的将来也许就会面临被别的竞争对手超越、被时代所抛弃的局面。

那么，传统企业要想通过微电商带动发展，应如何找到痛点、对症下药呢？

1. 微电商平台创业已成趋势

由于微电商门槛低、操作简单，个人或企业做微电商的已经越来越多。主要的阵地之一就是微信。如今，我们打开朋友圈会发现原来身边有那么多人都已经转型或兼职做了店主。而根据不完全的统计，截至 2014 年年底，微信企业公众号开通的消费者数也已经超过了 300 万，说明越来越多的企业开始认识到微电商的优势。

在众多做微电商的企业当中，不乏取得非常好的成效的企业。

某地的一家湘菜馆，由于菜品丰富、价格适中、服务周到，一直受到周围消费者的喜欢。但由于广告成本太高等原因，不居住在附近的消费者并不了解这家店。从 2014 年年初，这家店有了自己的微信公众号，开始以微信为平台进行营销，并定期推出“10 元钱任君品尝”等活动，订阅和关注的消费者越来越多，而且生意也越来越好。截至 2014 年年底，这家湘菜馆在当地已经有多家分店，而且一到饭点，门口的消费者都能排起长队。目前，该湘菜馆的营销策略不仅被当地的餐馆争相学习，在全国也成为了餐饮行业的标杆。

随着移动通信技术的发展和智能手机的普及，消费者使用移动端的时间已经明显超越了 PC 端，移动互联时代的到来已经成为了不可逆转的趋势。电子商务也顺应这种趋势，从 PC 端向移动端进行了迁移。毫不夸张地说，当我们需要购买某种商品时从微信朋友圈里就能解决，一方面商家是自己比较熟悉的人，比完全盲目的网络购物更有保障；另一方面，可以及时和其他朋友进行分享。

因此，微电商已经越来越受到广大商家和消费者的欢迎。

2．成本不断增长，利润不断缩减

传统企业运营的各个环节会涉及各种各样的成本，如员工工资和店面租金等。一方面，随着经济的发展，成本一直呈现增长的趋势；另一方面，企业要想发展，必然需要更多的投入，那么成本也会越来越高。

与不断增长的成本相对应的是企业不断缩减的利润，随着互联网的推进和电子商务的发展，越来越多的人喜欢到线上购物。在淘宝刚刚普及的几年，受到波及的主要是服装等行业；后来，随着京东、当当、1 号店等的加入，电子、图书以及食品等也已经有了非常广泛的网络购买渠道；眼下，生鲜电商也已经开展得如火如荼。可以说，消费者能够想到的商品，在网上都能够买到。

当传统电商大行其道之时，众多传统企业想的只是反击，能够借互联网东风转型和完善自己的并不多，能够与电商大佬抗衡的就更屈指可数了。进入移动互联时代后，微电商更是来势汹汹，尤其化妆品、服装等行业已经受到了冲击。因此，如果传统企业不及时应对，利润将非常有可能锐减。

3．员工流失大，管理成本不断增高

一个物流行业的老板跟我讲过这样一件事。他说，这两年公司招进来的几乎全部是 90 后的员工，管理起来十分困难。有一次，一个员工打电话跟他说：“老板，我最近心情不好，不想干了。我今天开出来的车我放在马路边了，你自己过来开走吧。”而且，这类让他惊掉下巴的事已经发生了好几次了，再招人的时候已经有点害怕了。

像上面的案例一样的情况如今确实并不少见，“80后”“90后”的群体不仅更有个性，而且也更崇尚自由，像他们祖辈所遵循的那种“干一行，爱一行”等不轻易更换职业的想法在他们当中已经不多见。大部分传统企业的工作往往比较单调，而这也就造成了招人难、管人难以及用人难的问题。

对这些不安于单调、重复、机械的工作的年轻人来说，微电商反而是一个比较好的创业途径。如“某大学生微信创业，月入数千元”这样的案例已经屡见不鲜。传统企业的管理者必须认识到这一点，不能总是停留在抱怨当中，“临渊羡鱼，不如退而结网”，传统企业要想不被时代所淘汰，就应该迎头赶上、尽早转型。

4．传统电商先生产再销售，微电商先销售再生产

相比传统企业会遭遇的成本高、管理难等问题，电商也并非毫无困扰。尤其对一些在淘宝等平台的商家而言，他们不仅需要处理琐碎的进货、拍照、客服、售后等问题，经常还需要对着电脑分析数据。有时，平台的规则发生变化，商家也要及时采取应对的办法。

这些都不是普通的商家足以应对的。另外，刨去人力、推广等的费用，能够盈利的空间极为有限。

移动互联时代的到来，不仅为移动电商的发展提供了有利的大环境，而且微信等移动电商平台也具有很多独特的优势，比低门槛和高回报率。

无论传统零售时代，还是电子商务时代，企业的运营模式都遵循先生产再销售的顺序。而这，必然就潜藏着巨大的危险。以每年天猫和淘宝的“双11”购物狂欢节为例，商家就需要面临一个抉择，究竟应该生产多少量，才能既满足需求，又不会造成库存压力。

而微电商恰恰相反，由于经营方式的不同，商家完全可以采取预售的方式。也就是说，企业可以根据订单进行生产，这样既便于企业的管理，也降低了经营的风险。

微电商并不神秘，探索传统产业试水微电商之路

移动支付手段的层出不穷，使得移动支付市场的竞争也越来越激烈。在这种竞争的环境下，各种移动支付手段开始逐渐走向成熟，其安全性能也得到了有效提升，为微电商的成长和发展创造了有利的条件。

微电商是伴随移动互联网的火爆而发展起来的，是移动互联网时代的产物，蕴藏着巨大的发展空间，对于那些在PC互联网时代吃过亏的传统产业来讲无疑是一个巨大的诱惑。但是传统产业在微电商市场真得可以有所发展吗？

微电商虽然是刚刚兴起的一个事物，但实际上并不神秘。移动支付手段+微信平台并不是微电商，微电商的本质仍然是商业。因此，传统产业要想做好微电商就必须紧紧围绕商业的本质，也就是说要从产品和服务两方面入手发展微电商。

1. 到底要不要做微电商？

商业世界本身就是一个追求利润的世界，并且商业世界没有永恒的边界，因此微信也可以实现商业化。做电子商务，但并不是说微信就是适合做电子商务的。

微信的整个发展历程就可以反映出一些问题。从2013年8月，微信推出微

信 5.0，自此微电商的概念才逐渐被人认识和熟知。虽然微信在 2011 年的时候就已经推出，但是微信真正的火爆却是因为一个利用微信做电商的小女孩，她宣称自己在微信里做生意，月均营业额可以达到百万，而微信也由此受到了更多人和企业的关注。

实际上，微信商业化最初是源于其“附近的人”这一功能服务，随后又发展至“朋友圈”，最后衍生出微信支付和微信电商。“附近的人”这一功能因为能对消费者的地理位置进行定位，并且也涉及为陌生人服务的内容，因此此功能在很长一段时间内都受到了一些非法产业的干扰，严重影响了消费者的体验。在推出了微信 5.0 之后，情况有所好转，伴随而来的就是朋友圈经济的兴起。朋友圈经济中主要的商品是生活类的消费品、奢侈品及海外代购品等。后来，微信又发展出“微信支付和微信电商”，距离微电商又近了一步。

在互联网领域已经普遍达成的共识就是流量并不等于电商，拥有庞大的流量并不代表电商就可以做成功。但微信确实是一个强大的社交工具，在利用社交关系发展微电商方面仍然有较大的优势。

2．传统产业试水微电商之路

移动互联网的井喷式发展，让电商企业对移动平台的依赖性越来越大，移动平台有了更大的发展空间，由此也推动了一大批移动平台的出现。除了微信之外，还有口袋通、微盟、京东微店等。

面对如此之多的移动平台，传统产业在做微电商的时候应该如何进行选择呢？可以从平台、工具和模式三个方面进行考虑。

（1）选择收费的平台还是免费的平台

移动平台作为一种工具，也有免费和收费之分，传统产业在选择的时候可以适当考虑一下这个因素。但是，不能将其当做考虑的主要因素，要主要考虑平台本身的价值和特性是否适合自身的发展。

（2）充分利用新媒体工具

移动互联网的发展也为企业带来了巨大的营销红利，因而传统产业在发展微电商的过程中一定不要忽视新媒体工具对营销的作用。目前主要的新媒体工具有微博、微信和App。在发展微信电商方面三者各有长处，企业要学会综合利用。微博的功能在于聚集粉丝和消费者，向微信导流；微信可以做CRM，对客户关系进行管理；App可以实现与手机和智能可穿戴设备的数据的打通，对消费者进行实时监测。

（3）“O2O+C2B”混合模式

传统产业试水微电商，就无法避免O2O的话题，可以说发展微电商也就是发展O2O。但是传统企业单纯地发展O2O，还无法顺利走向微电商，还需要一定的互动手段。具体来讲就是传统产业要做微电商就无法避免“O2O+ C2B”的线上线下的互动模式，这种互动模式也是帮助企业走向微电商的重要环节。著名的服装企业——红领服饰就是这一模式的典型代表，目前红领服饰中个人消费者的定制服装已经占到服装总量的2/3。如果能获得更多的数据资源，将会加快传统产业向微电商的转型。

3．有关微电商的两个问题

因为在互联网时代，传统产业受到了互联网的冲击，因而对于移动互联网他们还心有余悸，在试水微电商的过程中也就异常小心。他们一方面比较畏惧这些移动平台工具的力量，另一方面又对这些力量抱有一些盲目的幻想，希望能借助这些力量在新时代实现突破和发展。在这种背景下，传统企业要想做好微电商要注意两个方面的问题。

（1）回归商业本质的问题

微电商本质上仍然属于商业，因此传统产业在发展微电商的时候仍需要回归商业的本质，做好产品和服务。在发展微电商的过程中他们的长处在于有沉淀多年的产品能力和丰富的产品经验，短处就是缺乏创新的服务和营销思维，在发展微电商的过程中理不清头绪。

（2）粉丝经济的问题

要做微电商就需要微营销，但是对于传统产业来说他们并不擅长这种营销和服务，这也是阻碍其微电商发展的重要因素。在营销业界普遍认同的一个观点就是，如果行业还处在 4Ts 营销阶段，即传统（tradition）、特性（trait）、气质（temperament）、类型（type），就说明这个行业仍属于传统行业的范畴。

在现如今的营销业界中 4Ts 营销已经完全被社会化营销取代，在当年拥有的风光已然成为过去时。社会化营销就是口碑营销和粉丝营销，就是利用商业营销手段达到某种社会公益目的的解决方案。传统产业在试水微电商的过程中最关键的就是要解决粉丝经济的问题。

粉丝经济共有三个特性：喜欢、信任和包容。衡量是否是粉丝经济的标准，就在于粉丝能否在企业还没发展成熟的时候就一直参与其中，并陪伴企业的发展。互联网的发展缩短了商家与消费者之间的距离，为粉丝经济的发展创造了一个良好的条件。自媒体就是一种典型的粉丝经济，其中比较知名的就是罗辑思维。

传统产业试水微电商机遇和挑战并存，与互联网公司相比，传统产业拥有比较深厚的产品能力，但是在瞬息万变的营销和服务环境中他们又显得有些无所适从。但是不管怎样，要做好微电商就不能脱离产品和服务，这一点传统产业和互联网企业都同样适用。

以微知著：食品类企业如何进行线上营销？

近些年来，“互联网思维”可谓是一个炙手可热的词汇。尽管好多人都不明白它的真正含义，但是小米运用互联网思维营销的成功案例让每个人都清楚了这个词汇的分量。在人们还未从互联网思维创设的美好憧憬中出来的时候，一股新的力量“微电商”逐渐进入了人们的生活。作为刚刚崛起的微电商，应该如何进行线上营销呢？食品类企业具体应该怎么做呢？

1．微电商之崛起

微电商包括微信电商，是移动电商的一个重要组成部分。与传统电商不同的是，微电商对平台的依赖性降低了，更多的是依赖于客户和商家进行联系的渠道。

在市场营销策略上，微电商不再以平台为中心，而是利用微博、微信等渠道直接与客户建立联系，从而为其带来销量。微电商在发展过程中非常重视口碑效应，依靠商家在自己社交圈里的传播可以为商家带来更多的客户。

目前微电商现有的模式是 C2C 模式和 B2C 模式。采用 C2C 模式的主要是个体商家，他们随着微信的崛起而逐渐发展起来，在微电商中占了很大的比例。采用 B2C 模式的是一些企业品牌，这也是微电商在发展中一个主要趋势。正如在 PC 端，代表 C2C 模式的淘宝和代表 B2C 的天猫一样，微电商在发展到一定的阶段之后会走向规模化运作，也就是从 C2C 模式转向 B2C 模式。

2．微电商的营销之道

以B2C为主的微电商，应该怎样进行线上营销呢？微电商的发展更依赖于客户以及商家与客户建立的联系，因而要做好线上营销，重点应放在客户身上，即吸引和留住客户。

在朋友圈内能够吸引消费者眼球并能促使他们为其转发的内容总共有三种：一种是趣味性比较强的小游戏；另一种是能博人眼球，引发大众争论的内容；第三种则是能引起消费者共鸣的内容。比较知名的就是杜蕾斯推出的“一夜七次郎”的游戏，在游戏中融入了品牌，迅速获得了消费者的响应，达到了品牌传播的效果。

在食品类企业中，青岛啤酒官方商城就曾经借助一个互动小游戏火了一把。青岛啤酒官方商城是B2C模式的微电商，自创立以来就一直非常重视对客户的服务，同时还推出各种互动游戏来增强与客户的联系。

2014年年末，青岛啤酒官方商城推出了一款“微信请喝酒”的互动游戏，将商城原有的酿酒功能与微信红包进行了有效结合。这款游戏操作简单，消费者只要打开游戏的界面就能轻松地了解游戏的流程。而且消费者参与这种互动游戏都是利用零碎时间，大大降低了消费者的学习成本，降低了消费者的流失率。

此外该款游戏还有较强的趣味性和互动性，游戏首先应该具有趣味性这样才能吸引消费者的参与。“微信请喝酒”中，消费者在“酿酒”之后可以邀请朋友品尝美酒，这样消费者之间也可以进行互动，也使游戏和品牌得到了广泛的传播。

3．微电商发展之挑战

随着微电商的深入发展，微电商暴露出来的问题也越来越多；要走向成熟的商业模式，中间还要越过重重的障碍。这一点对酒类行业的发展也是一样。

微营销崛起的时间比较短，在食品行业发展微营销的时间更短，这个行业中的微电商还在孕育阶段。虽然一些企业已经开始开展微营销，但在利用微博进行推广传播的过程中传播的只是企业的文化及促销活动，而没有好好利用微博或微信开展真正意义上的营销。

从总体上来看，对企业来讲，微博依然停留在其传播功能上，要真正利用微博进行营销、卖出商品还为时尚早。企业仍然需要在产业链的上下游进行积极的探索。随着微博的深入发展，其营销功能也会增强，因此食品类企业应该早下手，积极开发多元化的微博营销，为微电商的发展开辟落地之路。

虽然微博、微信在营销推广中的作用越来越突出，但这并不代表传统的营销方式就会被淘汰，传统的营销和传播方式依然有其存在的价值。

在食品类行业中，微博在营销中只是一个有效的补充，不可能完全替代传统营销的功能。喜欢刷微博的消费者都知道，微博刷新的速度非常快，可能在一瞬之间企业发布的信息就已经被淹没在海量的微博信息中了。因而利用微博营销不可能达到立竿见影的效果，需要经过长时间的积累和传播。因此，传统的营销和传播方式仍然有存在的意义。

此外，企业要注意食品类行业中产品的特性对微营销发展的制约性。食品类的产品在销售的过程中比较重视感官的体验，同时容易受到物流限制，市场上出现的假冒伪劣现象也会影响微营销的传播效果。微博目前运营的SNS社交化体系，还难以让电商模式全面落地。如果再加上物流、退换货以及评价等与社交化体系完全不同的模式，会严重影响电商的发展。因此食品类行业在发展微营销时首先应该解决好物流和假货等问题。

但是微电商模式也有自己的短板，一般消费者在逛微博的时候只会在自己的微博主页上查看滚动的信息，而很少主动去访问企业微博的主页。这样一来消费者就看不到微店，企业也就没有流量，没有销量。据调查，大多数企业微博主页的访问量都没有达到其粉丝量的1%，粉丝量就算已经达到十多万，访问量也只有近千，京东商城通过内容营销产生的销量都要比微店高。因此，即使微店有海量的粉丝，没有流量，也是死路一条。因此，企业应该高度重视对粉丝的引导问题，以获得更多的流量。

4．微电商之路是场拉锯战

食品企业发展微电商要经历一个长期的过程。不管是食品企业的微营销，还是搭建的微电商平台，总结起来说就是一场拉锯战，只要能坚持下来，必定会得到良好的回报。

但是令人遗憾的是许多知名企业的官方微博已经很少进行维护和更新了，降低了微生态的价值。在对新浪、腾讯、搜狐的微博进行调查的过程中发现，四川比较知名的白酒品牌最后一次更新微博的时间是在2012年1月16日，足以见得许多企业在进行微营销时没有见到回报就慢慢放弃了，忽视了微营销的发展潜力。

对于食品类企业来说如何将分散的数据资源进行整合也是一个难题。新浪微博中得到认证的企业级消费者已经达到了30多万，腾讯的微卖场中也拥有十几万的企业消费者，而微博中的个人消费者已经达到了数亿级的水平。微博拥有海量的消费者资源，但是这些消费者的需求也比较分散，那么应该如何整合庞大的商家和消费者资源呢？首先应该建立一个大数据中心，对资源进行整合，然后进行合理地匹配。但这个工作量比较大，就算实力强大的新浪也很难实现精准营销，更何况是不擅长电商技术的食品类企业呢?

此外，网购流程也是制约微电商发展的一个重要因素。许多企业在考虑做微电商的时候，因为不能保证网购流程操作的规范，而暂时不会将店铺开到微博上。他们仍是将微博作为一种宣传推广和产品展示的工具。食品类行业作为一个比较传统的行业，在微电商的运营上会更保守。虽然新浪微博开通了新浪微博钱包，但是作为移动支付领域的一个新力量，发展还不够成熟。虽然微博、微信对外界宣称网购的所有环节都可以直接在微博或微信内完成，但是仅仅靠财付通钱包和腾讯的新付通，根本无法满足消费者日益多样化的消费需求。

从目前的发展状态来看，微博、微信以及其构筑的微电商平台急于向更大更强的方向发展，有些脱离其“以微知著”的本质。对于很多食品类厂商来说，他们根本弄不清楚微电商与电商的区别，也不懂得如何利用微电商平台进行线上营销。因此微电商在发展的过程中一定要始终围绕其“以微知著”的运营核心，让微电商始终保持清晰的发展思路。

当前，微电商发展的关键就是要不断发展线下消费者和商家，开展线上和线下的推广活动，让商家和消费者在活动中获得满意的服务和体验，从而不断壮大微电商的实力。

社区化时代：媒体也能释放营销潜力、最大获利

传统媒体广告是互联网时代之前的主要营销手段。随着电商的发展和互联

网新媒体的强势，传统媒体日渐式微，应积极寻找商业转型机会。在这个过程中，“电商化”成为很多媒体都关注的方向。从逻辑上来讲，媒体电商化是一个可行的方案。比如读者在某篇文章中发现了感兴趣的商品，想要购买，这种情况下如果媒体能将读者转化为消费者，就可以从中获利。

首先尝试这种方式的媒体主要集中在时尚领域，主要是通过自营电商平台，或者与零售百货企业合作共同经营电商网站来获取利润。

经营着120本杂志、61个网站、影响着超过1.2亿读者和600万网络消费者的康泰纳仕出版社是国际首屈一指的时尚媒体巨头。它曾多次投资初创类电商企业，旗下多本杂志开通了在线商店，如女性时尚杂志Glamour经营的Glamstore网店；男性杂志GQ与奢侈品百货Nordstrom合作推出的购物网站NordstromMen.com。赫斯特出版集团是世界上最大的多元传媒集团之一，旗下知名杂志Harper’s Bazaar与奢侈品电商Yoox合作，联手推出了奢侈品百货电商网站ShopBazaar.com，第五大道奢侈品百货为其提供80%的商品，其余商品则由若干小网站、实体店以及约70个独立设计师供货。

国内的时尚媒体同样没有错过电商化的潮流，《时尚芭莎》牵手银泰百货，在银泰网推出了芭莎风格的网购衣橱；2011年，《ELLE世界时装之苑》的官方网站ELLEshop正式上线运营，成为国内最早的一站式风尚电子商务服务平台；2001年，《瑞丽》杂志推出了时尚生活垂直门户网站瑞丽网，力图“网聚世界潮流，设计你的时尚”，以实用特色引领消费。

时尚杂志扎推电商网站的同时，其他类型的媒体也在身体力行对电商化的尝试。如某都市报媒体就曾在雾霾时期，做了一期雾霾专题，同时搭配了一个空气清洁器广告，当晚就给商家带来了上千订单。

1. 释放营销潜力

作为电商领域无可争议的老大，阿里一直保持着十分敏锐的嗅觉。对于媒体的电商化，阿里计划通过把媒体流量与阿里的商品捆绑在一起的方式，将媒体变为电商行业的一个营销出口，“码上淘”项目的推出标志着这个计划进入了实践。

以“码”为触点的“码上淘”项目，致力于帮助商家做好移动端的消费者互动和连接，实现商业电子化。为了实现这个目标，码上淘项目陆续推出了“包裹服务码”“媒体码”“互动码”等多项应用场景，其中的“媒体码”就是阿里针对报纸媒体推出的应用场景。2014 年 4 月 1 日，“媒体码”同时出现在全国 6 个城市的 12 家报纸版面上，读者用手机淘宝扫描一下，就可以直接购物。与传统的媒体广告相比，“媒体码”能够通过扫码率和转化率分析效果。目前，“媒体码”合作媒体已经达到 50 家，这在之前是很难实现的。

在这个项目中，报纸上的媒体码每被扫描一次，阿里就会支付给媒体一定的报酬，同时还会支付给扫码消费者一定的折扣积分。这个项目需要阿里不停地往里砸钱，因而阿里对合作媒体的资质要求很高，不是所有媒体都可以参与的。阿里希望通过对扫码和消费的观测，计算出二者之间确切的转化关系。如果效果理想，阿里将向媒体支付销售抽成。对媒体而言，这将是一笔非常可观的收入。

广告交易平台阿里妈妈的成功，证明了从平台外部向淘宝汇聚流量是有效的。“码上淘”项目其实是阿里汇聚淘外流量的又一次尝试，阿里希望把“码上淘”

做成一个媒体版的阿里妈妈，所以这个项目的重点是如何挖掘媒体流量的营销价值。只要某类型媒体能够带来消费流量，那么“码上淘”就会蔓延到此类型的媒体。

在“码上淘”项目中，媒体的工作就是尽量将二维码传播到更广的范围，比如专门为“码上淘”多印数版版面。但是，这个项目一旦长期进行，变成一个运营项目，媒体势必要开始关心商品因素。如什么类型的商品更容易吸引消费者扫码和下单购买，而且还要保证商品与媒体内容相匹配，更大程度上吸引消费者关注。

由于纸质媒体处于不可逆转的没落之中，因而“码上淘”项目只能对媒体的电商化起到部分的支撑。媒体将电商化进程的希望更多地放在了时下最火爆的社交网络身上，在这个领域，媒体还有其他的玩法可供选择。

2．口袋通平台上的故事

2012 年年底，微电商服务平台口袋通在阿里巴巴的故乡上线。这个平台为消费者提供店铺、商品、订单、物流、消息和客户管理模块，同时还有丰富的营销应用和活动插件，是基于微信、微博等社交平台和工具的微电商解决方案服务商。

目前，口袋通已经汇聚了超过 5000 家不同类型的媒体微电商，包括传统纸媒（报纸、杂志、商业 DM、广播、电视）、媒体类网站、自媒体等，传统纸媒类型的企业包括南方报业集团旗下大部分品牌、杭州日报集团、浙江省内大部分电台媒体、央视旗下电商平台、湖南等若干卫视，媒体类网站包括有雪球、宝宝树、亿邦动力等，自媒体则包括罗辑思维、育儿百科等，其中以传统纸媒电商央广购物、湖南卫视《我是大美人》，以及自媒体罗辑思维做得最为成功，平均每日的销售额峰值高达到几十万元。

口袋网的历史其实很短，从上线到现在还不到两年时间。之所以取得如此大的成功，归功于它的产品定位，也与所处的社会环境有着密不可分的关系。

互联网时代到来之前，人们通过订阅报纸杂志来获取媒体信息；到了互联网时代，互联网媒体成为内容输出的主流渠道。消费者随机在门户网站浏览信息，媒体在获得了更迅速的信息传播速度的同时，也失去了阅读者从前对媒体的信任。这种形式下的信息传播，只是一种表意性的传播，消费者浏览了文章的内容，却不一定相信其真实。

进入移动互联时代，微信、微信等社交应用相继兴起，媒体重新回归了值得信任的信息获取单位，目的性传播得到了一定程度的复兴。在这种模式下，消费者通过关注媒体公众号来获取信息，就如同从前对纸质媒体的订阅。另外，这种形式的媒体内容传播都带有天然的社交属性，而这种或强或弱的社交属性也意味着一定的信任关系，因而媒体自然地选择了社交平台作为其电商化的突破口。

此时，各类媒体又面临着新的难题。在社交平台开店还有一定的技术门槛，包括商品管理、订单管理、交易系统、会员系统等程序的开发和搭建；而口袋通恰好提供了这些服务，于是口袋通轻松成为媒体的不二选择。媒体只需要负责经营和消费者之间的关系，而关系是通过内容来完成的，这个工作对媒体来就没有什么难度了。

口袋通固然优秀，但是再优秀也只是一个平台，只有本身具有真材实料的媒体才能取得运营的成功。无论是央广购物、《我是大美人》，还是罗辑思维，这些成功电商化的媒体本身也具有足够的影响力。口袋通仅为媒体提供技术支撑，在电商的供应链、物流和支付三大环节中，口袋通只能完成最后一项的接入，前两项还是要依靠媒体自己的努力。

【商业案例】乡土乡亲：以茶为载体，一个窄类品牌如何玩转社群和电商

在席卷各种传统行业的电商潮流之下，有机农产品也搭上了电商这趟快车。然而，相较于其他行业，有机农产品的电商推广面临着更多问题，物流、损耗、自然灾害，以及消费者的信任鸿沟等难点，让许多商家都望而却步。

在我国，有机农产品是个拥有 130 万亿元年产值的大市场，而且这个市场还没有被很好地开发。“有产品、无品牌”和“有产地品牌、无企业品牌”的情况比比皆是，这既是有机农产品市场的痛点，也是品牌农产品电商的机遇。这种背景下，谁能取得消费者的信任，谁就能赢得整个市场。乡土乡亲以茶为载体，通过严苛、标准的品控体系，以茶人档案、生长履历、茶人微电影等形式，把茶叶背后的种植、采摘、制作等生产故事展现给消费者，拉近茶叶生产者与消费者之间的距离，让茶叶这一被过度文艺化、概念化的农产品回归安全、好喝的本质，走出了一条互联网茶叶品牌电商之路。

1. 挑软柿子捏：从茶开始

乡土乡亲选择茶叶作为产品定位，是基于对整个农产品市场大环境的

分析。农产品市场整体混乱、有机绿色认证公信力缺失，若要建立一套严苛的生产标准和品控管理体系，实施起来并不容易。相比于大米、蔬菜等其他农产品，茶的有机认证体系做得最早，做茶叶市场面临的潜在风险相对要小。另外，茶叶市场还没有成功的品牌，做品牌农业比较有机会。

2011年11月，刚刚成立的乡土乡亲启动了“透明溯源”农业项目，以安吉白茶作为切入口，以契约生产做小范围订单农业，同时将产品的所有信息公开透明地呈献给消费者。在生产端，乡土乡亲经过实地考察，选择坚持有机种植的农户作为生产伙伴，把农户的头像、姓名甚至家庭信息都清晰地印在产品上；在茶叶的种植过程，每个动作都有详细的记录，如化学肥、有机肥、生物农药是否使用、用的是什么品牌等；此外，每个农场都面向消费者无条件全年开放，以便消费者对产品生产有足够的了解。

整整花费了半年时间，乡土乡亲将一整套日本的品控体系复制到了中国，并结合欧美等成熟市场的标准升级了系统。现在，乡土乡亲品控系统在生产端沿用了日本的做法，风险评估系统借鉴了美国标准，监测体系则来自于欧洲。通过这套系统，乡土乡亲对消费者关心的所有问题都提供了客观、真实的答案。

由于国内农业领域的商业信誉以及农业安全问题，乡土乡亲的有机农业品牌之路开始得颇为艰辛，其“透明溯源”的农业理念也被很多人理解为投机，并且在寻找合作农户的第一步就遭遇了巨大的困难。

由于乡土乡亲对茶叶品质有着近乎严苛的要求，而国内能做到完全有机种植的茶园可谓是凤毛麟角，大部分的茶园都使用了违禁农药，还有的茶园因为农户的种植经验不足，出产的茶叶无法达到乡土乡亲要求的品质。

经过16个月的“地毯式”搜寻，乡土乡亲团队的脚印遍布了全国13个省市的茶叶产区，甚至跨越了海峡，仅仅找到了4种符合标准的茶，分别是盛叔家的安吉白茶、陈叔家的武夷岩茶、江叔家的正山小种以及叶叔家的凤凰单枞。这几位茶农都有好的茶叶品种，坚持传统的种植方式，并且世代以种茶为生，被乡土乡亲称作“农作艺术家”。希望借此为诚信劳作的人塑造一种职业荣誉感，从而吸引更多的人才和资本进入到有机农业种植领域。

2．追本溯源：契约式种植

2013年全年，乡土乡亲没有发布任何一款新品，他们一直在努力推动茶农转变生产方式，以契约种植的合作方式，实现生产者实名制、供应链透明化。在透明溯源的基础上开展互联网营销，建立可信赖的有机茶叶品牌。

按照与乡土乡亲签订的契约，农作艺术家实行高标准的有机种植，保证产品有清晰可查的种植记录，包括土壤成分、施肥状况，以及61项风险评估、198项欧盟标准，其中包括重金属和农残检测等信息，并将个人信息放在产品包装上。在双方的合作中，农作艺术家在产业链中的地位也彻底改变，不再是单纯的原料供应商，还拥有了自己的个人品牌，同时在产品价格上拥有了一定的增值权。通过这种深度的合作方式，盛叔、陈叔、江叔和叶叔等农作艺术家们为自己的品牌背书，而乡土乡亲则为农作艺术家背书。

上游供应商信息的公开，意味着让信誉和道德公开接受消费者的监督。传统品牌普遍不采取这种做法，但是乡土乡亲认为，如果散收的茶叶无法追溯源头，茶农就很容易在利益驱使下牺牲产品品质。他们希望通过这种方式给茶农带来压力，让他们更珍视自身的信誉，另一方面也为产品增添一份人情味。

乡土乡亲向消费者全程公开每位农作艺术家的详细个人档案以及茶园的档案，包括茶园的位置、面积、海拔以及生产过程中土壤、灌溉、施肥等各种详细参数，还向消费者提供了根据风险评估体系做出的产品监测报告。通过全方位的透明公开，重塑消费者对产品品质的信任。乡土乡亲还推出了“农人微电影计划”，通过微电影的形式让消费者能更真实、直观地了解生产者背后的故事，拉近消费者与生产者的距离。

3．C2B：逆向驱动农业生产方式的变革

生产与需求之间的对接，是电商的重大课题，尤其在农产品领域，这个问题更为严重。完成了生产端的产业链整合之后，乡土乡亲在产业链后端的销售、交易环节仍然存在着巨大的商业风险。

经历了千辛万苦才找到了适合的茶园，又花费了巨额的时间、经历和资本帮助茶农改变了生产方式，又建立了高标准的质量检测体系，好不容易才能等到茶叶生产出来，万一卖不出去怎么办？针对这个问题，乡土乡亲的应对方案是邀请消费者参与到茶叶生产计划中来。2014 年初，乡土乡亲推出了付费会员服务，在全年的 8 个节气为会员提供超过 16 种的鲜茶，总重量大于等于 1600 克。虽然具体的产品及规格没有明确的计划，并且每年会费高达数千元，但是很多人乐意接受这种营销方式，成为付费会员。

当前国内食品安全问题十分严峻，然而这种状况并不是由商家或生产者单独造成的，因而它的改变也需要多方面共同努力。在生产端，乡土乡亲通过契

约种植改变了生产者的种植方式；在销售、交易环节，乡土乡亲希望借助这种付费会员招募的方式聚集消费者的力量，从行业下游向产业链上游逆向推动生产方式的变革。

站在乡土乡亲企业的角度，会员定制服务也在很大程度上规避了经营风险，因为农产品的产量并不是常年不变的。如果某种茶叶产量过剩，会员就为这些产品的销售提供了一条可观的分销渠道，从而有效缓解供需间的不平衡，同时降低了损耗。

2014 年的惊蛰，乡土乡亲为会员送上了来自我国台湾地区许叔家的“东方美人”鲜茶。乡土乡亲计划在将来将会员定制礼品扩展到私茗定制的伴手礼、限量专供的非卖品、茶园游学等多种福利。通过与《周末画报》、罗辑思维等媒体合作，乡土乡亲目前吸引到的付费会员数量已经达到数百。

在营销端，乡土乡亲向小米学习，通过粉丝营销来做品牌的推广。利用茶叶天然的载体属性，乡土乡亲通过微信平台在不同的城市发起城市茶会，用一杯好茶的名义去认识这个城市中的新朋旧友。未来增加消费者的参与感，茶会由消费者发起并主办，乡土乡亲只提供茶品，短短数月之后，城市茶会已经到了一周 3 场的频率，遍布全国各个城市，甚至延伸到了坦桑尼亚、巴黎、纽约……此外，乡土乡亲还通过搜集天使会员的故事，将它们展示出来，从而吸引更多的消费者关注乡土乡亲，而这些接受专访的会员，本身也成为乡土乡亲的代言人。

与其他互联网电商相比，乡土乡亲的发展之路实在称得上缓慢。2006 年开始筹备，2011 年立项启动；2012 年一共才推出了 4 款茶的农耕作品，合作茶园也只有 4 家；2013 年，乡土乡亲也已经在中国台湾、缅甸等地找到了合适的茶园地块，没有推出一款新品。对于乡土乡亲来说，慢不是一种目的，而是对产品品质的严苛，对消费者体验的严格。对于这种严格律己的慢发展，市场也给与了相应的肯定。到 2013 年，乡土乡亲的销售额已突破千万；2014 年，乡土乡亲微信上的日销售额已经稳定在 1 万～ 2 万元。

再战
微电商

Part 7

第三方服务商：推动电商革命的“摆渡人”

电商布局移动互联网，第三方服务商借微电商圈地

微信商业化是最近一直备受关注的话题，而随着这一话题的日渐热烈，微电商也从刚开始的小角落被抬到一个更广阔的发展空间。越来越多的企业开始转战微信平台开起了微店。但是毫无经验的企业在发展的过程中遇到了很多困难，于是就有第三方服务商瞄准了这一市场——为企业提供微店开店服务。

京东发布了“微店计划”，为平台上的商家提供建设微店的服务。从京东角度上来讲，京东推出这一计划也是为了将 PC 端的商家延伸到移动端。虽然京东在微店方面喊得口号比较响亮，但并不是第一个进入微店市场的。在京东之前就已经有 60 多家服务商推出了微店服务，如口袋通、微盟等，他们作为先行者已经在微店服务领域赢得了先机。

而京东方面希望借助与腾讯建立的友好同盟关系，率先在微信平台上获得流量优势。通过导流，为商家在最短的时间内聚集更多的粉丝，从而帮助微电商实现更快的成长，弥补去中心化带来的局限性。

凭借在中心化入口积累的庞大的流量和海量的客户，京东涉足微店服务领

域将有可能动摇微店服务商的竞争格局。

1. 中心化 VS 去中心化

微店为微电商玩家提供了一个入驻的平台，作为一个移动电商平台，微店一头连着供货商，一头连着网民。从某种程度上来讲微店就相当于移动端的淘宝店，主要是利用在朋友圈的分享和熟人经济的方式进行营销，以达成销售的目标。微店采用的是一种社会化的营销方式，因而具有去中心化的特点。

京东微店频道在 2014 年 11 月 27 日正式在微信购物页面上线，与其他微店第三方服务商不同的是，京东并没有抛弃中心化入口，而是提出将中心化入口与去中心化理念进行了结合。

微盟创始人孙涛勇对目前市场上存在的微店第三方服务商进行了分类：一类是 B2C 模式，典型的代表是京东微店；另一类则是 C2C 模式，代表是微盟和口袋通。从表面上来看，两种模式的区别在于有没有中心化的平台入口，然而实质上二者的根本区别在于他们对移动互联网时代消费行为的不同理解。

传统的中心化平台中几乎聚集了所有的商家和流量，消费者进入平台只有通过几个入口，并采用类目搜索的方式对商品进行查找。像京东、淘宝、天猫等电商平台都是典型的中心化入口，他们主要是通过向商家分发流量的方式盈利。虽然在发展初期可能会获得不错的收益，但是消费者采用搜索的方式寻找商品，不容易对某个品牌形成依赖性和产生忠诚度，对商品的重复购买率低，不利于商家的可持续发展。而对商家而言，面对平台上激烈的竞争，要想在众多竞争者中脱颖而出，就要采取竞价排名、集中宣传的方式打广告，这样一来就大大提高了营销成本。有的商家广告也因为平台上出现的海量信息而被淹没，即便如此商家也不能与粉丝建立直接的联系，所以中心化的入口也遭到了很多商家的非议和排挤。

因此也就有了微店服务商的出现，去中心化是一种市场普遍认可的规律，而最早践行这一理念的是微盟和口袋通。

微盟在发展的过程中一直践行去中心化的思维，没有入口，主要是为商家提供工具和平台，作用就是帮助他们将线下门店、线上和广告的流量聚合起来，将流量都聚集在微信平台上。微信的功能就是为商家提供客户沉淀，最后这些流量都会变成商家最好的流量，并可以与粉丝建立直接的联系。

按照去中心化的理念，中心化入口的搜索购物模式已经满足不了消费者的需求，未来使用频率最高、效果最好的肯定是一些个性化的推荐和熟人的分享。口袋通公关负责人那竞丹认为，搜索购物的模式在未来一定会逐渐被淘汰，越来越多的消费行为会通过口碑传播的方式来完成，粉丝营销将会成为一种主要的营销方式。

从口袋通和微盟在最近的发展来看，它们并没有建立一个集成页面来对所有的商品和店铺进行展示，消费者主要是通过朋友圈的分享进入微店。在发展初期，去中心化平台也遇到了发展瓶颈，一是不容易进行导流；二是粉丝数量比较少，涨粉的速度比较慢。因而京东在涉足微店服务领域之后提出了将中心化和去中心化进行结合的理念。调查表明，中心化与去中心化相比，可以为商家带来大约 7 倍的订单，入口和微店的相互推动可以让商家在起步阶段获得不错的回报。

孙涛勇认为，京东为去中心化平台上的商家提供了一定的流量入口，但是这并不是长久之计，虽然微盟目前没有流量也不能给商家提供中心化入口。但从长远来看，商家还是乐意获取去中心化的流量，这种流量一般价格比较便宜或者是免费的，而中心化永远不可能为商家提供免费的流量。

虽然在未来很长的一段时间内，中心化和去中心化的销售模式会处于一种共存的状态，但是未来微店依然会沿着去中心化的方向发展。

2. 大战之前的圈地运动

有人认为京东进入微电服务领域可能会加剧微店服务商的竞争，但是作为微店服务商的口袋通和微盟却一直很轻松淡定。

口袋通的负责人表示，京东的入场并不会加剧竞争。因为中心化在未来很长的一段时间内仍然会占有比较重要的地位，大多数商家还是将其当做主要的销售渠道。因为这个渠道的经营成本比较高，所以商家才会慢慢去探索去中心化的方式。

京东微店、口袋通微店和微盟由于其自身的特点和拥有的资源存在差异，因而他们也分别面向不同的商家群体。京东微店的系统后台是建立在京东 PC 端上的，因而商家进驻京东平台成为微店商家必须还在 PC 平台上运营。口袋通微店面向的商家群是整个零售行业，而且大部分都是线上的商家。微盟则是面向传统的线下零售业。三大微店服务商都在各自的领域拥有了一定的商家群，而且这些商家群也是具有一定知名度的企业。

因为在微店服务市场上有比较大的发展空间，所以说谈不上激烈的竞争，三者都通过在各自领域开展圈地运动的方式积蓄力量，这也是为什么口袋通和微盟面对京东的入场依然保持淡定的原因。

但是随着各大服务商日益增长的发展需求，他们也会绞尽脑汁地通过多种方式发展多种类别的商家群体。微盟计划在 2015 年重点引进个人和淘宝系电商商家，口袋通则将目光依然放在线下零售行业，并计划将比重提升 40%，此外也会向更多的个人商家开放平台。

当然各大第三方服务商在扩大规模，吸引商家的同时必然就会产生交集，这也就意味着在新的一年里，微店服务商在加快发展脚步的同时，行业之间的竞争也会走向白热化。

有资料表明，微盟和口袋通平台已经各自拥有 60 万商家，而京东微店在第一期面向 5 万商家开放平台的过程中，已经有 3 万商家成立了微店，在京东平台上绑定微信服务号的商家也在一个月内从 3000 家增加到了 7600 家，足以见得京东微店具有非常大的发展潜力。

3．布局分销和 O2O

传统的 PC 电商经过了十几年的发展才打造了一个比较完整的电商生态系统，因此从这方面来看，微店简直是以一种非常令人惊讶的速度在成长。在经过了一年的发展之后，第三方平台传统的服务业务已经满足不了微店的发展需求，微店服务市场上亟需新的突破。在这种市场需求的推动下，越来越多的企业开始涉足微店服务领域。在这种市场环境下，为了能在接下来的竞争中抢占优势，微盟、口袋通等服务商已经将战略重点放在了分销和 O2O 平台上。这一布局的实现将会为去中心化平台的实现解决其最大的困扰——流量问题。

分销平台就相当于一个批发市场，一头连着供货商，另一头连着经销商，为双方搭建一个桥梁，将双方各自的资源连通起来，将资源进行有效利用；既可以帮助供货商解决散货的问题，也可以帮助商家解决货源不足的问题。

关于分销平台，各服务商都有各自的构建方式。就拿微盟构建的 SDP 社会化分销平台来说，分销商可以将商家的微信公众号通过朋友圈让更多的消费者知道。如果消费者有购买需要可以通过关注公众号的方式进行购买，在系统的后台会显示相应的推荐路径，根据推荐路径进行相应的分成。微盟负责人孙涛勇认为，在未来的微电商领域，分销平台是一股强大的力量，通过这种方式也可以迅速吸引更多的粉丝关注。

除了分销平台之外，微店服务商同样没有放过 O2O 市场。入驻口袋通搭建的微电商平台的商家有 30% 是属于 O2O 商家，并且仍在以比较快的速度在增长。预计到 2015 年 O2O 商家将会增长到 70%，口袋通拥有的纯线上商家的数量会持续减少，未来口袋通将主要为淘宝的第二梯队商家提供平台服务。

微盟主要面向的是线下的零售业，并开始利用 SDP 模式推动实现线上线下购物一体化。在实体店中每个销售人员都会有一个二维码，可以邀请消费者关注，而系统后台会通过二维码对应的粉丝数量和消费者的下单情况，给予销售人员分成。

微盟目前的线上零售只占到总体零售水平的 8%，发展线上业务的关键就是如何将线下的流量导入到线上。随着线上线下一体化购物模式的出现，整个购物模式都会发生改变，在线下可能就只是体验店的形式。

C2C微电商成最大肥肉，第三方与京东混战抢食

微电商在 2014 年实现了迅猛增长，在商业领域创造了一个个创富奇迹，但是随之而来得就是来自于广大网民的口诛笔伐，认为单纯的朋友圈已经染上的铜臭气息。在淘宝上开店是为了坑外人，而在微信上卖东西是坑自己人，朋友圈充斥的各种各样的产品营销广告已经影响到了微信的体验。直到 2014 年年底，关于微信的讨伐声依然此起彼伏。此时京东正式推出了拍拍微店，并号称是微电商的正规军。从此关于微信的讨论越来越激烈，并蔓延至第三方微电商服务

领域。不管是京东还是第三方都瞄准了C2C微电商市场这块肥肉，双方之间即将拉开激烈的混战。

1. 拍拍微店成微电商的正规军

拍拍网原是腾讯电商旗下的业务，因为经营不善，最终腾讯不得不将其“下嫁”给京东。不管拍拍身在何方，它的使命始终都是与淘宝争夺C2C市场。实践证明，在传统的C2C市场争夺战中拍拍惨败，失去了与淘宝较量的机会。微电商市场的崛起让拍拍在新时代看到了希望，与此同时让淘宝感到了一种存在的威胁。因此在这种环境下，拍拍必然会在微电商领域进行深一步的发展，这就需要一支拥有较强战斗力的正规军冲在前面为其发展扫清障碍。

然而拍拍微店才刚上线不久，对于微电商市场还没有把握好准确的尺度。从拍拍微店举办的战略沟通会上可以看出，拍拍微店经营的核心项目仍然是流量的运营。在战略沟通会上拍拍微店提出了将中心化和去中心化结合进行辩证发展的战略。具体来讲就是说去中心化不做淘宝一样的流量分发的大入口，而中心化就是将微信、手机QQ、微信卡包、广点通等资源进行整合为拍拍微店导流。

实质上，到目前为止拍拍微店主要做的事情还是流量分发，只不过它所在的微信平台等不是像淘宝一样的大流量入口，但是这并不代表其发展的是去中心化，从某种程度上来讲拍拍微店自诞生起就缺乏中心。此外，拍拍微店致力于打造的中心化也不是真正意义上的“中心页面”，而是通过将平台上的资源流量进行整合，汇集成一个隐形的中心，利用这个中心去分发流量。

简单点来说，消费者在逛淘宝的时候需要先进入淘宝网的首页，然后通过关键字搜索商品进入店铺，淘宝首页就是一种典型的显性中心入口。而拍拍微店却不同，它并不会特别重视首页，因为在拍拍微店的任何一个地方都可以进行导流，拍拍微店也没有特别明显直观的中心入口。而且微电商处在微信、手机 QQ 等平台上，本身就带有比较强大的社交基因，因而不适合设立电商中心入口。在微信、手机 QQ 开放的京东 B2C 业务的中心入口也没有为其带来实质性的业务增长，因而京东在发展拍拍微店的时候也借鉴了此次的经验教训，没有设立所谓的电商中心入口。

但是这样也就无法避免一个问题的存在，就是腾讯在微信上导入的电商流量是有限的。如果拍拍微店获得流量多，也就意味着京东微购物的流量就会相应减少。尽管拍拍微店和京东微购物在业务上可以实现错位发展，但是在流量方面二者仍是一种竞争的关系。当然这一问题也正在困扰着阿里。如果阿里给淘宝导入较多的流量，天猫的流量必定就会减少，在这一点上还无法实现权衡。

从拍拍微店目前的发展状况来看，依然没有脱离流量分发的运营思路。如果拍拍微店只是依靠流量来做移动电商的话，对淘宝来说根本构不成任何威胁。无论腾讯拥有的社交流量多大，在转化成电商流量的时候都会大幅度减少，这也就是腾讯在电商领域根本无法抵挡淘宝猛力进攻的原因之一。用流量打流量，面对已经有多年发展经验的淘宝，拍拍微店毫无胜算。

2．第三方深挖微信社交价值链

除了京东以外，盯上微电商这块肥肉的还有微信的第三方服务商。在微电商刚起步还没有获得全面发展的时候，已经有第三方服务商进入了微电商领域，他们在其中主要从事的业务就是帮助企业消费者在公号基础上搭建微电商城。随着越来越多的商家进入微电商领域，这个领域的竞争也日趋白热化，微电商在发展过程中遇到的困难也越来越多。对于一些搭建了第三方微店商城的商家，除了一些从事社交传播的公司能够获得不错的收益之外，微信平台上的其他商家的成交量都比较低，微信社交链并没有为商家带来有效的社交转化。近来服务商们为了解决微信社交转化的问题，又陆续推出了在微信、手机 QQ 平台上搭建社会分销体系的服务，如微巴推出了无限级个人分销系统人人店、有赞推出了商品分销平台等。

对企业而言，微信的分销体系可以帮助企业拓展更多的微电商群体。随着微信的日益火爆，想要尝试微电商的群体越来越多，但是却因为货源问题和囤货问题不敢盲目涉足。因此为了降低微电商的准入门槛，为商家解决货源和囤货的后顾之忧，第三方才提出了为商家做微信分销的方案，从而吸引了更多人加入微电商。对企业来说，终端分销微电商的数量越多，消费者也就越多，而终端微电商主要是由微信社交链的流量转化而来的。

以微巴推出的无限级个人分销系统人人店为例，人人店为了降低微电商的门槛，帮助企业拓展终端微电商的数量，实现了所有的分销触发点都可以通过手机来完成。消费者只要在商城手机端点击“成为分销商”就可以将店铺所有的信息进行复制，成为下级的分销商，不仅不需要自己上传商品的信息，同时也不用担心囤货的问题，而且这种方式也省去了中间的代理环节，简化了成为分销商的流程。分销的订单会由总店的后台进行统一管理，避免了因技术受限而带来的麻烦。这里的分销商不仅是分销商，同时也是消费者和商品的推广传播者。

这样下来，微电商就与淘宝客有些相似，因而将其称为微电商客也是合理的。它与淘宝客的不同之处在于微电商可以利用微信社交链和移动端技术进行无限扩散，获得更广阔的发展空间，到时候就可能会真正实现“人人都是分销商”的美好愿景。

但是与拍拍微店相比，第三方服务商在发展的过程中因为无法获得腾讯和京东的官方支持，所以不能获得微信和拍拍的流量补给，因此在发展的过程中只有深挖微信社交价值链的电商价值才能实现自给自足。

拍拍微店之所以选择流量分发的方式发展，是考虑到如果发展社交电商的话会对微信所处的社交环境带来一些不好的影响。因而对于第三方而言，不能选择社交电商的发展思路，就只好深挖社交价值链的微电商价值，以这一点为突破口寻求更多的发展。

很多微信消费者都不喜欢熟人在朋友圈里卖东西，但在朋友圈卖东西的现象不仅没有减少反而增加了。如果不考虑浮躁的市场泡沫，在朋友圈里卖东西并不是大逆不道的。虽然很多人将这种方式称为“社交电商”，但是拍拍微店的微电商模式中是缺少社交属性的，这怎能算是真正意义上的社交电商？或许第三方推出的社交分销体系是其在社交关系领域进行的一个不错的尝试，但并不代表这是最好的解决方案。不管是拍拍、京东、微信，还是腾讯，都应该对这个问题进行深入的思考。如果能够激活好友之间的买卖关系，微电商必然能实现新的突破，从而真正威胁到淘宝的地位。因为淘宝虽然拥有巨大的流量，但是却缺乏强大的社交关系链，而拍拍微店恰好在这一点实现了突围，这怎能不让淘宝害怕？

3．口袋购物的流量运营和社会分销

在微电商市场上，除了有拍拍微店和微信第三方服务商之外，口袋购物也是其中一个重要参与者，并且已经形成了一个比较完善的微电商平台。

口袋购物在 2014 年 1 月就推出了微店项目，迄今为止已经进行了一年的探索，并初具微电商平台的形态。口袋购物利用其推荐业务而积累的庞大的消费者量来拉动微店项目的开展，微店 App 是一款独立的 App，商家只要有货源就可以直接建立微店，同时也可以发展下级的分销商。即便没有货源也可以做微电商，可以通过微店的供货平台选择商品并添加到自己的店铺中，然后将商品或店铺的信息转发到微信、手机 QQ 等社交平台上。

口袋购物发展微电商的思路既融合了拍拍的流量运营的元素，也有第三方的社会分销的元素。但是与拍拍微店相比，口袋购物的流量与微信的结合度比较低。拍拍微店的流量来自于微信、手机 QQ，也用于微信、手机 QQ，而口袋购物不同，它的流量主要来自于微信体系之外的导购产品。

此外，口袋购物的社会分销体系与微信的联系也不紧密，其分销链条是建立在独立的微店 App 上的，而第三方的社会的分销体系则是建立在微信基础上的，与微信联系比较密切。对总店级的商家来说，与微信联系越紧密，越能有效利用微信上的资源，同时也更容易发展下级的分销商。

4．C2C 微电商市场或将得到净化

虽然拍拍微店、口袋购物微店和众多的微信第三方微店都进入微电商市场，使得微电商市场的竞争日益激烈，对消费者来说这何尝不是一件好事。因为微电商载体的增多会让越来越多的微电商主选择一定的微电商载体，会大幅度减少朋友圈刷屏的现象，为消费者净化 C2C 微电商市场。

此外，微信分销体系推出之后商家也不用再担心囤货的问题，圈钱的囤货模式也会在微电商市场被淘汰。只有拥有出货能力的企业才能有长足的发展，

在微电商市场这个道理同样适用，因而企业要真正做好微电商就不应该将分销商囤货作为一种盈利的手段。

微电商市场会通过自我净化能力将一些不合格或比较低劣的微电商淘汰，在微电商市场上会出现越来越多合理的微电商模式，不管在这场竞争中获胜的是拍拍微店，还是口袋购物的微店，抑或是第三方微店。未来随着消费者对微电商接受和认可程度的提升，社交电商蕴藏的价值会被挖掘到最大限度，到时候微电商市场的每一位参与者都可以从中获益。

微电商能否颠覆淘宝，微盟之于微电商意义几何

2011 年 1 月，腾讯推出手机社交应用微信，支持语音短信、视频、图片和文字，支持多人群聊；8 月，微信添加了“查看附近的人”的陌生人交友功能，消费者达到 1500 万。

2012 年 8 月，微信公众平台上线，通过订阅号为消费者提供信息和资讯，构建了一条与读者沟通的渠道，不仅改变了传统媒体的信息推送方式，还改变了消费者信息的获取和分享习惯；通过服务号为企业消费者提供的消费者管理功能，帮助企业快速地构建公众服务平台，使人与商品、服务之间的连接成为常态。同时，微信向开发者开放了平台接口，开发者可以自行定义平台功能，进一步完善服务水平。

2013 年 8 月，微信开通了支付功能，同时完成了扫码功能的全线升级，不仅加速了移动端商业生态的闭环，而且打通了微信平台开发市场，催生了微盟等微信第三方服务商。这一年微信的国内消费者超过 4 亿，海外消费者

超过了1亿。

微盟、口袋通、口袋购物等大批第三方服务商纷纷涌现，为移动电商和O2O商业提供了从平台开发、运营到产品推广的一揽子电商服务解决方案，从而催生了微电商这种新的商业模式。京东微店、拍拍微店和朋友圈微电商等多种形态的微电商平台纷纷兴起，以不可抵挡之势疯狂发展，直至泛滥。由于行业的特性和监管的缺失，微电商市场乱象横生，现在进入了行业调整时期。未来，微电商会继续发展壮大最后颠覆淘宝？还是会在混乱之中逐渐消亡？业内人士看法不一。

1．微电商能否颠覆淘宝？

在移动互联网社交平台发展起来的微电商，是移动社交电商的典型代表，是淘宝电商之外的另一种电商形态，也同淘宝一样具有B2C和C2C两种模式。前者是指企业在服务号开店，可供选择的平台有很多，如口袋通、微信小店、京东微店等；后者则指个人在朋友圈开店，主要面向企业之外的个人市场，包括口袋购物、拍拍微店等。

对企业而言，淘宝电商面临着严峻的考验，消费者流量成本越来越高，消费者沉淀越来越难，而且无论与消费者做成了多少交易，消费者永远属于淘宝平台，商家想要流量就要从淘宝购买；另外，消费者下单通过淘宝搜索来完成，商家无法直接与消费者沟通，也就无法获取消费者的真实需求。

而出生于社交平台的微电商是去中心化的电商形态，微信的先天社交属性决定了微电商能够轻松获取精准的消费者群和互联大数据，而这些宝贵的流量是企业服务和订单量大幅提升的前提。与传统电商相比，微电商的消费者沉淀更为容易，能够将分散的线上线下流量聚合起来。

微信支付功能的开通，完成了微信商业生态的闭环，如同微电商注入了一针强心剂，一时间微电商即将颠覆淘宝的流言四起，但是很多冷静的声音对此言论并不认可。未来，零售业不会被任何一种势力完全占据，传统电商、微电商和实体零售三种形态将长期共存，均分零售市场，各自满足消费者的不同需求。淘宝不可能完全颠覆传统零售，同样，微电商也不可能彻底颠覆淘宝。

市场对于微电商一直存在两种截然不同的看法。微电商的支持者认为它会颠覆淘宝，不看好微电商的声音则认为，微电商永远无法达到淘宝的高度。对于这一点，淘宝的弊端已经凸显，将消费者导入微信平台将成为淘宝商家的必然选择，届时，无论是官方商城还是官方微信都会建立会员体系，通过积分、优惠等方式积极拓展消费者规模。

2．B2C 微电商才是未来

随着移动互联网的去中心化趋势逐级加速，朋友圈电商成为消费者进行购买活动的新选择；然而，经过为期不长的野蛮增长，朋友圈电商开始迅速滑坡。之所以出现这样的状况，主要是由几方面的原因造成的。

（1）有些商家并没有真正认识到微电商的社交分享本质，将微信朋友圈当成了单纯的营销工具，通过高频率的暴力刷屏追求销售的增长，久而久之引发了微信消费者的强烈反感，也抹黑了朋友圈电商整个圈子。

（2）朋友圈电商没有实现精准的商品推介。为了实现大规模的广告传播效应，商家对所有的朋友圈资源都进行疯狂的广告刷屏，而受到影响的人群中大部分都不是目标客户，导致了糟糕的消费者体验。其实，如果商家能够把握得当，合适的商品内容也能够引起疯转。

（3）由于门槛低，C2C 微电商从业人员众多，产品同质化严重，并且对消费者而言维权困难，交易安全不能保证，存在欺诈和交易风险，因而 C2C 微电商注定不会走得太远。此消彼长，拥有稳定货源和完备售后服务能力的微电商成为微电商的未来。当然，C2C 微电商也不会完全消失，只是受限于货源和售后保证，他们只能衍变为分销商，依附 B2C 微电商而存在。

目前，C2C 微电商正经历着行业洗牌，B2C 微电商也只是刚刚起步，还有很多方面尚待改进。整个 B2C 微电商具备了完善的基础交易平台、广泛的社会化分销体系、社会化的客户关系管理系统和健全的售后维权机制以后，才算进化完全。

3．构建分销网络≠直销？

移动互联网的发展对传统零售行业造成了巨大冲击，库存积压已成为零售行业的普遍问题。在这种背景下，国内最大的微信开发服务商微盟横空出世。

微盟是针对微信公众账号提供营销推广服务的第三方平台，基于微信为企业提供开发、运营、培训、推广等一体化服务，帮助企业提升订单转化率，服务范围包括 O2O 服务、社会化客户关系管理、移动电商、轻应用等综合业务。

在零售行业，线下渠道的客户掌握在分销商手里，而线上渠道的客户都归属于销售平台，因而客户沉淀困难成为零售电商面临的重大问题之一。对此，微盟推出了社会化分销平台 SDP，为零售电商提供了整体解决方案：将所有渠道的客户全都汇聚到微信平台，建立企业自己的大数据库，而微信就成为了天然的客户管理工具，实现客户沉淀；企业通过公众号直接与消费者接触，进一步了解消费者的需求，从而实现按需生产、个性推荐和精准营销，避免库存积压；另外，SDP 还通过系统化、平台化、流程化的操作帮助企业进行分销商管控，并且引入微客的力量进行个人分销，帮助企业实现线上线下的互通。

尽管拥有完善的分销网络，但是分销商不管销售，只负责推广，具体的销售与发货仍由企业负责，因而微盟采用的是彻头彻尾的直销。这种构建分销网络的直销方式，与不停创造销售神话的小米直销全然不同。小米的成功只是个例，并不是所有的企业都能像小米一样能够成功玩转粉丝经济，对于大多数转型移动电商的零售企业来说，构建自己的分销网络势在必行。

口袋通“零售走向经营人”VS喵喵微店“人人电商”

移动互联时代到来以后，各种移动电商的形态也大放异彩，其中，就有中小商家最为青睐的微电商。

探究微电商与传统电商的不同，会发现主要体现在三个方面：传统电商更加依赖平台（京东、天猫等），而微电商更加依赖客户；传统电商往往通过广告和流量的方式来提高销量，而微电商更倾向于通过微博、微信等社区与客户建立联系提高销量；与传统电商相比，微电商更加重视口碑的价值，消费者在微博、微信等平台的分享，容易帮助商家吸引更多忠诚的消费者。

微电商崭露头角以后，致力于将商家和客户链接在一起的第三方服务商也应运而生。虽然同为第三方服务商，基本的模式也都是微电商，但具体的运营理念却又有所不同。下面，我们就通过两个比较有代表性的第三方服务商，分析一下微电商的两个发展方向。

其一，是业内声名颇高的口袋通，代表的方向为“零售会走向经营人的时代”。

口袋通，杭州起码科技有限公司旗下产品，创始人为白鸦。其具体定位为基于SAAS模式的社会化CRM（微店铺+微粉丝营销）平台，主要客户以企业和品牌商为主，是集营销系统、会员系统、交易系统、订单管理和商品管理为一体的服务商，让客户通过平台产生交易获得订单。

其二，是业内关注度和入驻门槛比口袋通稍低的喵喵微店，代表的方向为“人人电商”模式。

喵喵微店，钱喵喵旗下专为女性店主服务的专属手机网店，创始人为李英豪。其具体定位为帮助女性店主用最简单快速的方式开店赚钱，是一个专注女性消费群体的微信小店。喵喵微店可以帮助商家开店，并从微博、微信等渠道获取关注，将消费者的关注转化为订单。在喵喵微店开店的商家，以大学生、白领和年轻妈妈为主。

1．前提是打破平台中心化的禁锢

大型购物中心的建设，使得线下零售的购物“中心化”现象非常突出。一般情况下，消费者购物的顺序都是商圈（购物中心）—商家（品牌）—商品。而这也就使得商家想吸引消费者的注意力，必须把大量的精力和成本集中到地段等的选择上。

另外，这样的购物方式有一个明显的弊端，当消费者的一次购物行为完成以后，商家难以进行追踪。过去，很多商家的应对办法是推出会员卡，根据会员卡上消费者提供的联系方式进行推送，但事实证明，这样的方式成效甚微。

电子商务给零售带来了新的革命，但购物“中心化”的禁锢却依然存在。以国内的情况为例，消费者在网上购物最常见的方式就是通过淘宝、天猫、京东等几大平台进行搜索。事实上，商家要想获得消费者，仍然需要不断增加营销成本。

另外，由于商家对平台的依附性，当平台在“双 11”等节点大打价格战的时候，商家就必须压低自己的毛利，而这实际上对品牌长期的发展并不十分有利。

同样，“中心化”对消费者而言也并非没有弊端。当平台的运营商根据商家的投入进行推广和排名的时候，消费者最容易发现的只会是那些花费了大量推广费用的商家和它们的产品，而未必是质量最好、信誉最高的商家和它们的产品。

不管是口袋通提倡的“零售会走向经营人的时代”，还是喵喵微店的“人人电商”模式，都提倡零售应该打破“中心化”的禁锢。不同之处在于，口袋通的“零售会走向经营人的时代”，提倡的是对消费者或者粉丝的经营，而喵喵微店的“人人电商”则属侧重商家对消费者喜好的定位和圈子的经营。

此外，由于移动互联技术的不断进步，微电商已经成为了一种门槛低、入门快的兼职方式。因此，喵喵微店提倡的“人人电商”模式，即每一个人都能够在微电商平台上根据自己的特长、资源和喜好等赚钱，并享受“消费者即朋友”的乐趣。

2. 降低购物搜索比重是一道坎

要打破购物“中心化”的禁锢，实现“零售会走向经营人的时代”或“人人电商”模式的理想状态，电商必须迈过一道坎——降低购物搜索比重。

根据 2014 年末国内电商行业的统计数据，习惯通过搜索进行购物的消费者所占的比例超过 70%，而商家订单的搜索转化率也超过 40%。不过，由于消费水平的提高和移动设备的普及，消费者的购物搜索比重也正在逐步降低，更多的消费者通过以下两种方式实现线上购物：第一，通过朋友的推荐或社交平台的分享购物；第二，通过垂直社区的发现购物。

潜在的订单为口袋通这样的第三方服务商提供了发展的契机，于是，粉丝管理平台也应运而生。通过对会员、订单和交易系统的管理，弱化搜索的线上零售，向着“经营人”的时代前进。

至于弱化搜索的具体方式，口袋通采用的方式主要是让消费者关注商家的公众账号，是一种类似经营粉丝的经营方式；而喵喵微店的“人人电商”则是一种经营好友般的经营方式，通过让消费者关注商家的私人账号，使之更清楚商家推出的产品和服务定位。

3．共性是都强调以“人”为中心

实际上，“零售走向经营人”与“人人电商”并没有孰优孰劣的区别，而是针对不同的商家从不同角度进行的分析，而其共性则都强调以“人”为中心。

口袋通的“零售走向经营人”，强调的是以消费者（粉丝）为中心的经营，对比的是传统零售和平台电商时代以商品和渠道为中心的经营。在这样的经营理念中，消费者的购物不再中心化，而实现了品牌的中心化趋向，商品与消费者之间的连接更加紧密，消费者黏度更高。

喵喵微店的“人人电商”，强调的是微电商不同于传统零售和平台电商的“买方既卖方”的角度。任何原本只是消费者的个人，无需借助公众账号便能够增加额外的收入。当个人转变为卖方之后，即可以将原先的好友转变为消费者，也可以将消费者变为好友，通过个体与个体之间的社交，增加信任和连接。这样通过推荐、分享为主的购物方式可以弱化消费者的搜索习惯，提高买家与商家之间的信任度。

“零售走向经营人”的发展方向，除了上面我们提到的口袋通外，拍拍微店和口袋购物的发展也与之类似；而“人人电商”模式，除了喵喵微店外，微信小店的发展也是这样的方向。

【商业案例】口袋通：零售业走向经营人的时代，如何保持跟消费者的连接？

最近两年智能手机的普及十分迅速，艾瑞咨询的统计数据显示，截至2014年二季度，中国的智能手机消费者已经达到了5.56亿，而2013年智能手机消费者的数目是4.5亿。另外，2014年上半年，国内智能手机的整体销量已经达到了1.8亿，在一二线城市之外，三四线包括农村地区智能手机的普及速度都远超厂商的预想。

销售经理刘先生正在外出差，然而明天就是他女朋友的生日。刘先生刚好看到微信朋友圈上的一家微信花店展示的花束非常漂亮，于是便点击进入了这家微信花店，并在手机上下单购买了自己喜欢的花束。第二天花店将制作好的花束照片，通过微花店的微信服务号客服系统，推送给了刘先生并请他确认。正在拜访客户的刘先生看了一眼漂亮的花束，十分满意，便立即回复："OK"！刘先生的女朋友收到花束后也非常高兴，就把花束的图片分享到了微信朋友圈："非常喜欢，谢谢亲爱的！"看到女朋友喜欢，刘先生自然也很开心，于是他在这家微花店的公众号的微社区上秀出了自己给女朋友购买的花束图片，并给这家微花店点了一个大大的赞。

像刘先生这样的购买路径，所代表的并不仅仅是一线大城市消费者的消费习惯，更是代表了越来越多的整整一代习惯使用手机购买商品的年轻人。越来越多的零售业的从业人员都看到了，移动互联网大潮正在快速地改变着消费者的购物习惯。

为案例中的微信花店提供全套技术支持是一家名为口袋通的科技公司。口袋通是一家专业提供微信开店解决方案的公司，也是现在公认的技术实力强大、服务完善的微信第三方平台。根据口袋通在 2014 年 7 月底公布的数据显示，口袋通服务的商家已经有数十万，通过审核和即将通过审核的服务商数则超过了上百万家。

口袋通创始人白鸦在 2014 年 9 月 2 日在深圳举行的微电商沙龙上谈到："在未来，手机会是人的大脑，移动商业会是未来商业的中枢神经。"

2014 年，随着智能手机的迅速普及，移动互联网产业也进入了井喷式的高速发展期，国内移动电商领域的市场竞争进入了最为关键的一年。信息"中心化"时代正在渐行渐远，信息的"去中心化"时代已经开启。信息传递方式的变革，对原有的"中心化"社会体系产生了强大的冲击，并会给社会深层结构带来深刻的改变。

而移动电商，在 2002 年 PC 互联网电商的爆发之后，2014 年移动电商成为了新的引爆式的电商新趋势。口袋通在前端通过对接微博、微信等社会化媒体传播文化，聚集粉丝；在后台，口袋通则向商家提供了整套的店铺 ERP 和 CREM 系统，并提供了线上销售支付解决方案。目前，小茶婆婆、绽放、乡土乡亲等"个性鲜明"的品牌在口袋通上取得了成功，这些品牌的共同之处是"只要听过一次他们的故事，你就不会忘记这个名字。"白鸦说："这样的品牌非常适应当前的粉丝经济，符合微信电商的发展趋势。"

1. 传统零售业：都在给"房东"打工

口袋通项目的前期分析认为，中国的零售业未来必定会发生改变。改革开放让传统零售业获得了繁荣和发展，而原有的经营模式发展到一定程度以后就会出现所有的人都在给房东打工的情况。因为，在传统模式下，商家只要在最好的地段选择最好的位置来开店，就能够获得良好的收益保障。而产品生产企业也都更加关注产品的曝光度，并把大量的资源投降了媒体广告，对产品品质和服务质量的关注却减少了。

在这样形势下，互联网时代来临以后，人们面临着“要么电子商务，要么无商可务”的新局面。然而实际上，电商行业的日子并不比传统零售行业好许多。通过对电商的成本比例进行分析可以发现：商品生产成本占到了30%，营销成本也在30%左右，商品展示、物流和税务成本的合计也接近30%。由此可以看出电商的经营如果能够获得10%毛利已经非常不错了。如果电商企业想要实现更大的销量，就必须投入更多的营销成本，相应的利润就会降低。

现在，一两个入口聚集了全中国的网购人群，所有的商家和人群共同拥挤在一两个入口，行业的竞争与线下相比更恶劣。在线下有很多商场，可以供消费者和商家根据个人喜好自由选择；而在线上只能是所有的人共同挤一两个入口。因此，掌握线上入口的平台就如同线下的房东一样，掌握着更多的主动权。

2．转机：保持跟消费者的连接

近几年很多零售商家的经营模式正在发生着巨大的变化，并且这种变化越来越明显，与此同时消费者的消费行为也在发生着巨大的变化。

移动互联网行业的高速发展，智能手机正日益成为人们的生活必需品。并且，随着网络社交时代的来临，已有越来越多的人习惯于通过无线社区与朋友沟通交流，通过无线社区获得资讯，获取知识和学习……手机和无线社区正在改变着所有人的生活方式。

在移动互联时代大数据的价值也越来越重要，淘宝 2014 年 10 月公布的数据显示，淘宝的所有订单中来源于搜索的比例为 40%，而社区分享和朋友推荐则为淘宝贡献了 30% 的订单，并且这一比例的增长趋势也十分明显。

口袋通创始人白鸦曾经说过一个这样的经历，一次他去大理开 VIP 商家年会时，先后找了 5 个客栈发现其中有 3 个是口袋通的消费者。当他问及为什么要使用口袋通和微信公众账号来做推广的时候，三家客栈老板的回答出乎意料的一致：在 2013 年的时候，大理总共有 500 客栈，而到了 2014 年大理的客栈已经超过了 1500 家，现在已经不再像从前那样只要把客栈的服务做好，就能够赢得客源了。然而如果选择在一些知名的网站上投放广告，不仅费用昂贵，而且收效也未必会符合预期。此时，对于这些客栈而言，口袋通和微信公众账号就表现出了很高的价值了。如果有消费者在朋友圈和微博上发一条消息，说自己计划下周去大理，期望朋友们推荐住处，可能很快就有去过大理的朋友回复他，并且朋友的推荐也更让人放心。因此，客栈的经营者就需要鼓励消费者向他们的朋友分享自己的客栈。

3．未来零售的发展：走向经营人的时代

白鸦创办口袋通之前，曾经分析过国内现在的电商格局。他认为，零售企业要想赢得客源和订单，单纯依靠与别人争夺存量的方法是行不通的，而是需要想办法寻求新的增量。他判断零售行业的未来必定要走向经营人的时代，并据此确定了口袋通的定位：帮助零售业的商家经营他们的消费者，维系商家与消费者关系，并帮商家通过数据做好客户管理。口袋通建立了完善的数据中心，能够为商家提供数据报表和销售预测等服务，这些服务在辅助商家运营过程中能够发挥重要的作用。

口袋通的一系列动作，都旨在促进商家与消费者的沟通，保持商家与消费者的有效连接。让商家在与消费者的互动中，了解消费者的喜好，并运用大数据和标签服务帮助商家更精准地了解消费者，做好客户服务从而进一步加深与消费者的联系，帮助零售商家制胜移动互联网时代，如图 7-1 所示。

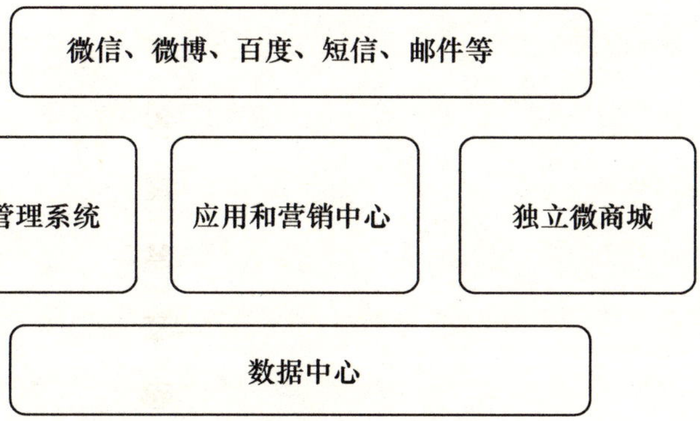

图 7-1　口袋通大的业务逻辑

（1）口袋通会员管理系统（CRM）

在确定了定位和大的业务逻辑后，口袋通最先推出的是会员管理系统。几乎所有的第三方服务平台都有自己的会员管理系统，但在同类的系统中，口袋通的技术和产品优势还是十分明显的。口袋通分析认为，现在的很多会员管理系统都有一个致命的问题：通过邮件和短信营销，很难实现与客户的真正的深入的沟通互动。

因此，口袋通重点在基础数据存储、计算和规整方面下了工夫。现在，口袋通的会员管理系统的基本呈现方式为会员积分、会员等级、会员标签还有各种会员筛选。未来，口袋通还会根据会员的聊天记录、收藏记录和浏览记录，在会员标签上打上会员的喜好标签，并进一步发展完善会员卡、储值卡，会员生命周期管理和消费趋势预测等服务。

（2）口袋通独立微电商城

口袋通的交易系统在与微信、微博、微信实现无缝对接的同时，还开发出了很多创新性的运营方式和交易方式。例如，运用其客户营销系统（UMP），会员在登录微信或微博时，其等级都能够自动调整为相应的会员折扣，而会员的标签则可以辅助商家进行会员服务。也就是说，商家通过会员标签能够对会员的消费偏好进行基本的定位。目前，口袋通的应用和营销中心主要包括抵价系统和基本的优惠券系统及应用，未来，还会包括连接系统的工具和开放平台。

再战微电商

Part 8

微信电商：
8 亿消费者打造的商业帝国

微信电商能否再现“马太效应”？商家该如何谋篇布局？

现如今，微信已经成为一个家喻户晓的即时通讯软件，是微电商的重要组成部分，也被视为腾讯与阿里抗衡的重要武器。面对微信电商的步步紧逼，支付宝也采取了相应的应对策略。2014 年 2 月，支付宝宣布了“不新签、不续约、不合作”的政策，关闭了面向微信商家的付款接口申请，对之前申请通过的微信商家也实施了全面清退。再加上前面几次淘宝对微信的封杀，微信与阿里已经没有了任何瓜葛，两者已经到了势不两立的地步。

不久之后，微信官方突然公开发表声明称将向微信认证的服务号全面开放微信支付，首批可以使用微信支付的商品种类包括服饰鞋包、母婴食品等。微信围绕公众号打造的电商闭环已经正式形成，大众舆论再一次掀起了一股“微信颠覆论”热议。

有专家认为在移动电商领域未来也同样会产生“马太效应”，最终形成一个或两个大型的电商平台。事实上，在目前移动电商领域的发展中，这种趋势已经很明显了。

一方面，对于绝大多数的消费者来说，他们能习惯接受和使用的应用数量本来就是有限的，他们的使用习惯也会越来越集中在几个使用频率比较高的应用上。

另一方面，就是大型的应用已经开始着手搭建平台化的生态，应用上的功能越来越多样化，为消费者创设的应用场景也越来越丰富。如果从这一点上来分析的话，微信电商和淘宝可能真的会称霸移动电商时代。

专家还认为在未来移动电商的发展中，最多两个大型电商平台和众多的商家会从消费者需求出发，渗透进更细分的市场，在消费者更碎片化的时间里生存和成长。但不管是微信还是淘宝，抑或是能后发制人的京东，最后谁能成为移动电商的最大入口，至今为止也是一个未知数。但是对微信来说，要想颠覆淘宝成为移动电商的最大入口，这条路必定是充满坎坷的，但可以想到的是前景必然是光明且美好的。

1. 怎样理解微信电商

移动电商在悄无声息中来到了人们身边，微信电商也已经向电商从业者们敞开了自己的怀抱，电商从业者们一定要抓住有利时机利用好微信。当然要打好微信电商这一仗，关键要看清未来微信电商的格局和发展方向。微信电商常常被认为是颠覆淘宝的重要武器，那么微信电商具有哪些特点呢?

（1）移动互联网与互联网的最大区别就在于，移动互联网强调的是人的作用而非流量

这也就意味着未来在电商领域占据主导的移动电商也会更加重视消费者所扮演的角色，会竭尽全力地满足消费者的个性化需求。个性化的实现方式主要有两种：一种是人们所熟知的利用智能手机中的传感器，对消费者的行为数据进行收集和分析，从而以消费者的需求为出发点提供产品和服务；另一种则是根据消费者的需求进行无限细分，这样不管是商家、品牌，还是产品都以一种碎片化的形式存在，消费者根据自己的需求做出选择。以上这两种个性化的实现方式，第一种要求有比较高的技术水平，而第二种实现方式要比较简单，而且实施起来也比较容易。

事实上，微信公众号的推出也是在第二种个性化实现方式的基础上衍生出来的，微信电商用微信公众号的形式对消费者的需求进行无限细分，然后消费者根据自己的需求和喜好做出相应的选择，既满足了消费者个性化需求，又为商家降低了成本。因此从本质上来看微信电商就隶属于社群电商，所以说在运营微信电商的时候，切记不可使用传统商城的运营思维和模式。

（2）利用微信平台做电商，对微信既有利又有弊

如果能够做好电商，不仅能够为微信平台带来一定的营收，同时也可以增加消费者的黏度，提升微信平台的活跃度。但是如果微信电商控制不得当，不仅会给品牌造成一定的伤害，也会损害消费者对微信的体验。互联网毕竟是一个虚拟的世界，因而对于需要交付真金白银的电商服务，消费者一般都比较谨慎，而且一旦出现问题，消费者的反应也一定会更加激烈。因此不管外界对微信电商的期望和呼声有多高，微信在电商领域的布局一直都是谨言慎行的，因为稍有不慎就有可能酿成无法挽回的大错。

微信对平台上的商家有一套非常严格的筛选和控制流程，只有得到广泛品牌认知的商家才有资格入驻平台。微信电商平台的主流业态是B2C，这与天猫的主流业态是相同的，这样就为一些比较小的商家设置了屏障，在一定程度上提升了微信电商平台上商家的质量，能有效解决消费者对平台的信任问题，同时也可以让消费者在微信平台上获得更安全的购物体验。

与此同时，“自商业”也会作为一种新兴的事物在微信平台上获得更多的关注，甚至能带来一些不错的收益。

（3） C2B 模式的电商交易将会成为微信电商平台上玩家的标准配置

微信既是一个前端交易的接口，同时也是一个管理客户关系的工具。商家利用微信可以与消费者直接进行互动和沟通，商家的信息可以直接送达消费者，同时商家也可以更方便地获知消费者的需求，而且公众账号内的消费者本身就拥有比较详细的信息，有利于商家推出满足消费者个性化需求的产品或服务，促进 C2B 模式的发展。

（4）微信电商平台上的主角是对个性化要求比较高的产品，经营范围包括服装、鞋帽、美妆、家居等

微信电商的本质就是满足消费者的个性化需求，微信电商平台上经营的这些商品大部分单价都比较低，消费者在购买的时候不需要考虑太久，并且消费者对这类商品特别容易形成冲动性购买。此外，平台上的这些商品虽然种类不多，但是贵在内容丰富，消费者在利用碎片化时间浏览的时候，就容易产生购买需求。淘宝平台上主要经营的也是这几类商品，因而微信与淘宝对商家和消费者的争夺的激烈程度会与日俱增。

2．微信电商前路坎坷

微信从 2011 年上线发展至今已经创造了不错的成绩，是目前发展最为成功的一款移动产品，从微信自身拥有的庞大用户群来讲，微信有理由向任何一个领域拓展业务，其中自然也就包括电商，如果能将每月活跃消费者的十分之一转化成电商消费者就有可能颠覆现在的电商格局。

但是要实现这种设想，颠覆现存的电商格局总归不是一件容易的事。虽然微信已经开放了微信支付，但这只是完成了微信电商中最基础的一环。摆在微信电商面前的还有重重的障碍，可以说微信电商未来的发展道路充满了坎坷，如图 8-1 所示。

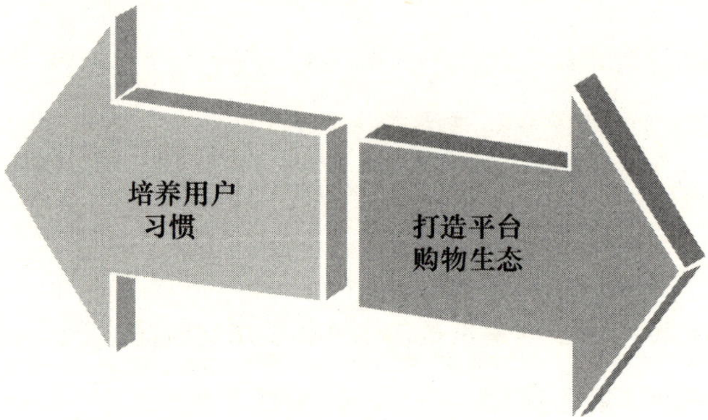

图 8-1　微信电商面临的两大障碍

（1）微信电商面临的首要困难就是培养消费者在微信中购物的习惯

百度有啊的失败以及腾讯之前经营电商时的惨痛经历，都在告诉人们在 PC 端搜索流量或者社交流量转化成电商流量的方式根本行不通。虽然微信电商将 PC 端电商转移到了移动端，从根本上改变了产品体系和消费者的交互方式，但是仍然不符合消费者的购物习惯。这也就代表微信仍需要耗费大量的时间和财力去培养消费者的购物习惯，并且尚不能确定能否获得成功。

但是从整体上来看，微信电商仍然处在圈里热的阶段，这一点与微信红包有些相似。微信红包在 2014 年春节可谓是红极一时，刚一上线就获得了民众的广泛参与，但是从实际公布的数字来看微信红包并没有想象的那样火爆。因此说要培养消费者养成使用微信平台购物的习惯需要有足够的耐心。

（2）应该如何打造微信电商平台购物生态

百度、阿里和腾讯在互联网领域确立了比较稳定的巨头地位之后，积极向更多的领域拓展业务，但在拓展业务方面走了完全不同的道路。百度和腾讯朝着非相关多元化的业务方向进行拓展，寻找新的利益增长点，而阿里进行的则是相关多元化的业务拓展，仍然以电商业务为中心。

从某种程度上来讲，阿里围绕电商拓展多元化的业务是一种必然的结果，否则将有可能面临严重的生存危机。与其他业务相比，电商可以说是一种比较复杂的业态，包含着各种不同的业务，因而打造的生态体系也比较复杂。大型电商作为一个平台，不仅要为消费者提供良好的服务，同时还要服务好平台上的商家，实现平台的可持续发展。

目前国内比较成功的电商平台就是阿里和京东，他们为了打造平台的购物生态，耗费十年的时间建立了相对比较完善的商家管理体系、产品管理体系、供应链管理体系、支付体系、营销体系等，为电商平台的可持续发展提供了必要的支撑。在京东和阿里打造的这一系列支撑平台运营的系统中大部分都是运营微信电商的重要组成部分，此外发展微信电商还需要投入大量的固定资产，以保证电商平台的正常运作，其中就包括建立平台的仓储和呼叫中心，以支持平台的有效运作。

腾讯在经营中主要是依靠其拥有的社交软件吸引庞大的消费者群，从而在消费者群的基础上利用增值业务和游戏来实现货币化。简单说就是对社交流量的变现，是一种比较轻的商业模式，而电商是非常重的模式，业务的复杂程度是无法用言语描绘出来的，而这恰恰是腾讯的短板。因此与其说京东和腾讯的合作得到最大好处的是京东，不如说两者是各自取所需，互惠互利。

当然，微信电商在未来的发展过程中可能会遇到的困境何止这两点，但是总体上来说这两点是最难跨越的坎。而且电商是一把双刃剑，如果在经营的过程中稍有差池，将可能摧毁微信生存的根基，因而说微信电商的前路坎坷一点也不夸张。

3．在微信电商平台上商家应该如何谋篇布局？

微信电商作为一个新生事物，没有前人的实践经验可供借鉴，商家们都是各自在摸着石头过河。虽然关于微信电商如何运营还没有总结出比较权威的方案，但是生意大都是本质相通的，因而在结合微信自身特性的基础上，可以大致总结一下微信电商在运营中应该注意哪几点。

（1）对消费者群进行精准定位

因为微信电商是以对公众账号消费者需求无限细分的基础上发展的，所以说微信电商本质上属于社群电商的范畴。这就意味着微信电商在运营的过程中要抛弃PC端商城采用的大而全的经营法则，追求小而美的目标，对消费者群进行更精准的定位，才能满足消费者群的个性化需求，同时还可以获得更多意想不到的效果。

（2）在运营微信电商的过程中要掌握好节奏

微信电商将原来PC端上的电商浓缩到了智能手机上，消费者在使用手机购物的过程中由于屏幕的限制无法更详细地了解商品的信息，同时也让消费者很难在手机上对类似的商品进行对比，因而消费者使用微信电商进行购物一定是建立在信任的基础上的。要让消费者对微信电商建立一定的信任基础，这就需要商家在经营的过程中不要抱着要促进交易飞速增长的心态，而是要时刻要以消费者为中心，将经营过程中的每一个细节都尽量做到极致，这样消费者和交易量自然而然就会升上去。如果商家在经营的过程中一味地强调交易量的增长，但是没有提升相应的服务，那么就有可能将好不容易建立起来的信任关系打破，要重新建立信任关系也会变得更难。因此微信电商在经营的过程中应该更加注重细水长流，逐步打造微信电商生态圈。

（3）要重视品牌的打造和维护

微信电商的运营是建立在消费者信任的基础上的，而建立和维护信任的最好方式就是打造深入人心的品牌形象。打造品牌形象有很多的方法和技巧，但不管是任何方法都不能脱离消费者，要围绕消费者提供能够满足他们个性化需求的产品，同时还要提供具有竞争力的价格和优质的服务。要从消费者的角度出发去吸引和留住他们，而不是表里不一，表面上毕恭毕敬，为消费者提供周到服务，实质上只是为了将商品卖出去，一旦钱到手就是另外一番场景了。

微信“连接一切”的最后拼图：订阅号+服务号+企业号

2014 年 9 月 18 日，对微信来说是不寻常的一天。因为在这一天，微信企业号正式出现了世人的视野中，它的出现犹如在朋友圈扔下了一个深水炸弹。人们在朋友圈疯狂地转发，奔走相告，热闹非凡。这标志着微信在连接上又登上了一个新的高度，填充了“连接一切”的最后一片拼图。

直到企业号的正式发布，拉动微信发展的“三驾马车”——订阅号、服务号、企业号终于拨开重重迷雾，展现在了世人的眼前，如图 8-2 所示，微信的发展战略也变得更加清晰明朗起来。那么订阅号、服务号、企业号，他们分别在微信的战略布局中发挥什么作用呢？

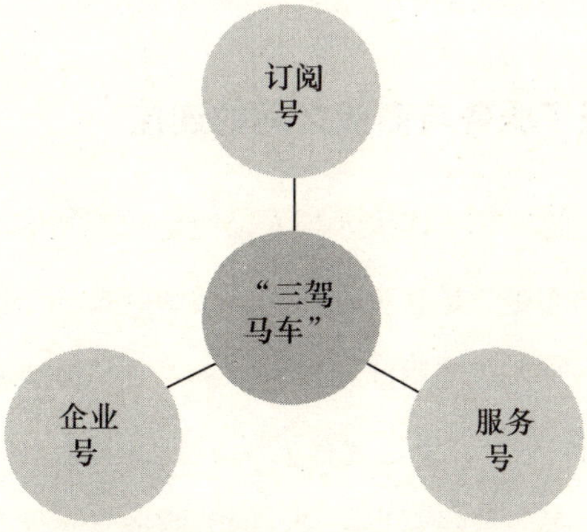

图 8-2 拉动微信发展的“三驾马车”

1．订阅号：实现了人与人之间的连接

微信在刚刚上线的时候是单纯以一种社交工具示人的，目标就是实现人与人之间的连接。在实现这个目标的过程中微信考虑到了两个方面：一种是熟人与熟人之间的连接，另一种则是陌生人与陌生人之间的连接。因此，也就产生了所谓的朋友圈和订阅号。

大多数人认为互联网的本质就是实现共享、免费和利他，但实质上互联网的本质是两个事物之间产生关系。订阅号虽然从表面上看来是连接人与人，但实质上却是人与人之间产生关系。

一般而言，做订阅号的有媒体和自媒体两种，他们既有相同点也有不同点。相同点在于他们的目标都是为消费者提供他们感兴趣且优质的内容，不同点在于他们在产生关系上采取了两种完全不同的风格。对于媒体，它的消费者关系是建立在对其品牌认可的基础上的，是对媒体所传递的价值观的认同；而对自媒体，消费者更多是基于对个人风格的喜爱，同时也赞同作者所表达的观点，消费者对自媒体的关注出发点是人，因而消费者更愿意跟自媒体人建立关系。

2．服务号：实现了服务与商业之间的连接

虽然微信刚开始的目标是连接人与人，但是随着微信的发展，微信官方认识到如果只有单一的连接，是寸步难行的，微博就是一个典型的例子。有人在利用朋友圈卖商品，有人在使用订阅号做营销，于是微信就设想是否可以做一个介于人和商业之间的平台，于是就有了服务号的出现。

与订阅号相比，服务号要更为复杂，因为服务号不仅要做一个为消费者提供贴心服务的服务者，同时还要做好一个领导者。腾讯在经营社交方面有着丰

富的经验，订阅号的功能就是做媒体 + 社交，因此腾讯做订阅号自然不在话下，而腾讯如果涉足商业领域，一旦出现利益的交换问题，就无法在社交和电商之间寻找利益的平衡点。因而微信要做好服务号，前路茫茫，需要一步步探索。

实践经验告诉人们，只有开放才能得到迅速成长，因而许多企业抓住这个有利的契机迅速成长起来，如微盟、口袋通、微客来等。微信的开放也让微信公众账号获得了迅猛增长，为微信带来了巨大的潜在财富。但与此同时，服务号消费者数量的增加也让微信产生了些许担忧。因为只有让商家们赚到钱，微信才能盈利，但是商业的细分市场包含的内容实在太广了，怎样才能让这么多的商家赚到钱呢？这不仅给服务号出了一个大难题，这成为困扰整个微信团队的一个难题。

3．企业号：实现人与企业之间的连接

微信在实现了将人与人以及服务与商业连接起来的目标之后，又最终推出了企业号，将人与企业之间连接了起来，实现了“连接一切”的梦想。企业号的出现将原本在时间和空间上割裂的企业信息连在了一起。未来互联网企业不再受制于传统的工作制度，同时真正实现了办公移动化，不管是公司的会议，还是上级与下级之间的沟通，抑或是员工之间的交流探讨，都可以完全依赖于移动端设备。而这种科技化的办公方式也将会颠覆人们已经习惯的工作习惯。

与订阅号和服务号相比，企业号在连接上又上升到了一个新高度。它不仅能够帮助企业、政府机关、学校、医院等事业单位和非政府组织之间建立连接关系，同时也可以简化管理流程，提升管理和服务水平，提高信息沟通的效率。在开放上，企业号也要比以往做得更彻底，为第三方开发者提供了二次开发的接口。第三方开发者可以根据不同企业消费者的需求，提供个性化的服务，

能有效提升第三方开发者的效率。企业号中的企业客户越多，开发者的价值就越大。

4．“三驾马车”的保驾护航能让微信走多远？

有了订阅号、服务号和企业号，微信已经完成了它所构筑的梦想，但是微信在三驾马车的保驾护航下到底能走多远，目前还是一个未知数。唯一可以确定的是如果微信不能解决好以下几个问题，就会阻碍微信的继续前行，并有可能让微信偏离正确的发展轨道。

（1）重电商轻社交的问题

电商一直是腾讯的一个软肋，在微信迅猛发展的同时，微电商也以一种强势的力量崛起在了电商领域。但是，微信却过分地重视电商的发展，弱化了微信原本的社交功能。因此，微信在发展的过程中要注意平衡电商和社交的关系，让微电商与微信实现互利共赢。

（2）市场边界的规范问题

微信虽然将平台开放给了第三方，但是对于哪些业务可以让第三方做，以及哪些不可以让第三方做，应该有明确的规定。如果第三方的行为是违法的或者对消费者体验带来了一些消极的影响，那么微信官方就应该采取相应的管理措施。

（3）提高工作效率的问题

企业号实现了快速移动化的办公，让工作变得更加生动起来，但是也容易造成员工的注意力分散，降低工作效率，因而企业号要在保证员工正常工作的前提下提高工作效率。

（4）保护个人隐私以及公司商业机密的问题

微信进入大众生活后，为人们提供了极大的便利，但微信毕竟是一种网络社交工具，极易造成个人隐私和公司商业机密的泄露，因而微信在发展的过程中应该更加重视个人隐私和商业机密的保护问题。

过去，商家如果要申请接入微信支付，需要缴纳 2 万元的保证金，这样就使得微信平台上商家的负担进一步加重，同时也提升了使用微信支付的门槛，将许多实力比较弱的商家拦在了微信支付的门外。为了吸引更多的消费者入驻微信支付电商平台，微信已经免去了这部分保证金，这样一来微信支付的门槛就降低了，越来越多的商家涌向微信电商平台，微信支付电商平台将变得更加活跃。

据专业人士分析，微信之前之所以要设置微信支付功能的使用门槛，主要原因在于微信支付上线的时间不长，没有比较完善的风控制度，而今取消保证金就可能代表微信支付内部已经建立了比较完善的风控制度。

而且微信取消保证金与支付宝的服务窗和百度的直达号也有着密切的关系。百度、腾讯和阿里，三者在吸引商家入驻其电商平台方面各有长处。微信本身就有社交基因，有庞大的消费者基础，支付宝的服务窗有比较完善的支付系统，百度最大的优势在于其强大的搜索功能。

百度推出的直达号刚一上线就获得了不小的反响，面对备受关注和迅速发展的直达号，微信方面一直都表现得比较冷静。原因在于：一方面百度强大的移动搜索功能是微信无法匹敌的，尽管微信在移动端拥有 8 亿的消费者，月活跃消费者也达到了 4.37 亿，但是面对百度的来势汹汹，微信也不敢直接正面迎战。

另一方面就是微信自身存在的问题，让微信在直达号面前失去了士气。主要的问题包括微信拥有的企业用户根基不稳、商家无法获取自己的流量、消费者对微信平台的黏度不高、随时都可能变换入驻平台等。因此微信不得不主动取消保证金，吸引和留住更多的商家。

微信取消保证金不仅盘活了平台上原有的商家，同时也吸引了更多的企业用户进驻到平台中来。微信电商取消保证金的做法受到了许多微小商家的广泛欢迎。如果微信能从流量导入上入手，为微小商家们带来更多的利益，那么微信电商将得到更快的发展。

“半成品”到“成品”：列举微信电商的 4 种独特活法

微信给电商提供了一个低门槛的商业平台，催生了大规模的微电商市场。正因为微电商从业者众多，所以竞争也很激烈，想要做出成绩，就要开动智慧，想出不一样的玩法。目前，微电商领域做得比较成功的主要有 4 种模式：C2B 反向定制、砸广告引流量、自媒体式运营与微信分销，这几种模式无法分出孰优孰劣，各自具有长处和短板，分别适用于不同类型的企业。

1．C2B：试对成本比试错低

C2B 模式，就是以消费者的需求来决定商品。消费者想要什么样的商品，微电商就卖什么商品，这样就能保证店内商品容易卖出，有效规避了商家最为担心的库存问题。比如深圳的微花店，店主本人并不具备专业的花卉背景，对各种花卉的了解相当有限，更不懂得花艺，甚至连花名都叫不全。微花店之所以能创下良好的业绩，原因就在于微花店的作品全都交由消费者投票，得分高的才能继续出售，得分低的直接下线淘汰。微花店将他们的这种行为称之为“试对”。

在花店行业，花卉不能及时卖出而造成的高额损耗几乎是所有花店共同的困扰。花卉跟蔬菜生鲜一样，当天卖不掉第二天就不再新鲜了，第二天还卖不掉第三天就要扔掉了。损耗越高，花店获取的利润就越小。微花店用来试对的

C2B 模式有效地解决了这个问题，并且花费的成本很低，每次尝试都只有几百块的打版费。

尽管如此，微花店也远远没有达到一劳永逸的地步。除了高损耗之外，鲜花行业还面临着其他方面的挑战，比如消费者黏度低。毕竟大部分人买花都只是偶尔性的行为，很少有人会经常性地买花。针对这一问题，微花店计划通过开发更多的用花场景来增强消费者的购买频率，最终增强消费者黏性。

2．砸广告：并不那么爽

广告是零售行业最普遍的营销手段，虽然微电商的消费者流量成本不高，但还是有大商家采用了高成本的广告推广模式。2006 年创立的浓情漫宇是一个比较成熟的女鞋电商品牌，2013 年的销售总额已达到 7 000 万，在女鞋类目零售行业中排名第一，跻身西部地区最具规模的网店行列。2014 年 5 月，浓情漫宇微店开张的时候已经有了很高的起点，销售成绩也如同预料中比刚刚创业的微电商高出很多，每月销售额维持在 300 万左右，11 月的成交额更是达到了 800 万元。

在微店销售遍地开花的背后，是浓情漫宇不断增长的广告成本。由于浓情漫宇的目标客户群体是有经济能力的成熟女性，她们具有一定的购买力，广告的购买转化率相对较高，所以浓情漫宇选择了在 QQ 空间和微信上发起广告攻势来进行微店的营销，广告花费每月高达 50 万元，比业内同行高出两倍。好在浓情漫宇的广告投入产出比维持在不错的水平，客户回头率也能达到 35%。

虽然微店的销售一直在增长，但广告模式却注定不能长久，烧钱买流量的方法在传统电商行业已经出现了严重的问题，而微电商也不能幸免。虽然广告一直在投放，但浓情漫宇的客户留存和二次购买率却不尽如人意，广告的效用似乎只能带来一次性的销售，长此以往，浓情漫宇就很难保持持续性的增长和发展。对浓情漫宇来说，微信还有很多的可能和发展空间，他们的目标是借助微信塑造品牌，而不是通过砸广告买流量的方式单纯卖货。

3．媒体化：内容为王

经典绘本是一个以媒体化思维运营的母婴类公众号，这个账号通过分享绘本和亲子教育、夫妻相处的文章，目前已经拥有十多万的高质量粉丝。依靠订阅号积累的粉丝，经典绘本在微店的销售很是火爆，平均每天销售额超过10000元，最多的一天收获了33152.5元。

经典绘本的成功秘诀在于对内容的把控，保证自己账号发布的全都是具有自发性、独特性和关注点的高品质内容，这样才更容易引导消费者转发、阅读和关注。经典绘本的内容多来自于微信上传播广的文章，通过对这些文章的研究，经典绘本也能更多地了解消费者的喜好，知道什么样的文章更容易被消费者转发，在内容发布方面也就更有针对性。

万事开头难，经典绘本在如何获得第一批消费者的问题上也费了一番脑筋。由于目标客户定位于新手妈妈，经典绘本就到亲子、育儿类的QQ群中寻找目标，通过分享文章、解答问题等方法争取她们的关注，半个月内完成了首批消费者的获取。

4．大品牌：让消费者参与

好想你枣是微电商领域的大品牌，销量连续5年稳居食品红枣类目第一名，2013年销售额将近1亿。虽然2013年11月才开始接触微电商，但是这并不妨碍好想你枣对微信运营拥有清晰的思路。

深知微电商在朋友圈的不断刷屏很让人反感，所以好想你坚决摒弃这种营销手段，其运营团队中没有一个人在朋友圈刷屏推广，维护了品牌形象。好想你枣的营销思路是做粉丝经济，通过让消费者提供营销点子、做意见领袖和口碑传播、参与分销渠道的建立等方式，尽可能地提高消费者的参与感，发展出自己的粉丝团体。目前，好想你枣与口袋购物合作，尝试建立系统化的操作系统，去掉人工环节，实现商家与消费者的低成本沟通，在会员体系、促销活动、微分销等多方面全面实现系统化操作。

按照好想你枣的构想，在粉丝社群里筛选出一部分成员发展为企业的分销商，参与微分销的每个成员都配备独立的账号和网店，每个网站配有唯一的二维码或链接，方便经营者用作微信推广，网站完全由个人运营，公司只提供货源。

对这种消费者参与模式来说，目前最薄弱的部分就是系统部分，可供选择的系统平台太少，而且功能尚不完善，需要很多改进。随着技术的发展，这个问题终将随之解决。

他山之石，可以攻玉：一个微信创业者总结的微信营销指南

在我们的互联网生活中，微信已经成为一个不可或缺的重要元素，而随着微电商越来越火爆，很多人也都在思考一个问题：如何通过微信实现创业？古人云：他山之石，可以攻玉。下面我们可以看一看一位微信创业者所总结的微信营销指南，相信可以对众多的微信创业者有所帮助。

1. 微信是什么？

微信给自己的定义是“一种生活方式”，这句话倒是将其自身定位说到了极

致。只是并不是每个人都能理解其中的内涵，并且使其服务于我们的生活。我们可以将微信理解为自己的“第二生活”，它是我们基本生活的补充与延伸。而在微信上所发生的事情，无论是交友还是经营微电商，都应遵循着生活本来的规律和做人做事的基本原则。

2．微信之于营销是什么？

不能简单地把微信理解为一个商品销售渠道或者一种信息分发与传播渠道，它应该是一个目标消费者的基础生态。在这个生态圈内，人们可以交各种朋友，也可以自由展现自己的生活状态，以及所思所想，甚至能经营自己的生意。从这个角度来说，微信之于营销的意义，是为目标消费者带来一种崭新的交友方式、生活方式与交易方式。

3．你把微信当什么？

在每一个微信账号的背后，可能是一个个人，可能是一个微店，也可能代表一个公司，但无论是哪一种，都应该将其看作一个活生生的人。作为微信创业者而言，你同样要认识到在微信背后的本质是你这个人，而且是最能代表你的产品或者品牌的一个人。你要一直存在于那个圈子里，才能让别人看到你、认识你，进而建立信任关系，最终将其经营成一个良性的生意圈。

4．微信不是万能药

不要相信那些将微信过分夸大的言辞，要知道微博有微博的优势，QQ 有 QQ 长处，淘宝有淘宝的意义。微信创业并不是要依附于谁，而是应该借鉴 QQ、淘宝、微信、微博等模式带给我们的启发，从而走出属于自己的创业之路。

因此，要有实践探索的精神，以稳扎稳打的姿态让自己落地，而不是空想。

5．千万别被粉丝经济忽悠了

对一个初出茅庐的创业者而言，粉丝经济还与你无关。因为在你尚未有能力输出足够优质的产品、内容以及能量之前，你还不可能拥有真正优质或忠实的粉丝。所以，在你还未足够强大之前，不要被粉丝经济所忽悠，应该关注的是熟人经济或者体验经济。熟人为了一种见证，一种参与感，可能会加入你的微信交易圈，体验一下微电商。而从体验到信任，再发展成你的微店的粉丝，这需要一个比较漫长的相互交流和自我修正的过程。

6．如何玩转微信营销？

（1）传递正能量。这一点说起来简单，但是能够做到的却寥寥无几，但是这是营销的基础，必须努力实现。

（2）具备综合营销能力。要尽可能多地懂一些广告创意、文案撰写、媒介、网感等内容，提升自己的综合营销能力。

（3）做出好产品。也就是说，你必须要能持续输出有价值的东西，这样才能引发他人的持续关注。

7．如何给自己的微信取名？

在这一点上，可以采用实名的方式。一方面实名代表着一种信任，另一方面实名也可以成为你的品牌。在目前，微信是所有社交工具中最具社交性的产品，实名更有利于以后的经营与发展。而且，在互联网世界里，实名也意味着一种尊重与平等。

当然，你也可以采取实名 + 公司 / 项目的命名方式，这样也会有利于产品或内容的推广。而且，这样一来即便你所发布的内容或信息与产品无关，只要你有足够的活跃度，内容也足够有吸引力，通过你的名字，你的公司、项目或者产品也可以获得持续曝光。

8．如何通过微信营销自己？

微信算是线上的真实社交，用微信可以让人们的社交行为更亲近，在联络、关注老朋友的同时，也能获得新朋友，同时打造出一个自己的“微信圈”。在通过微信营销自己的时候，应该注意以下几点。

（1）分析自己的独特定位是什么

比如，我目前对自己的定位是微分销实践者，或者是专注微电商的创业者。有了自己的独特定位之后，你会拥有自己的“微信圈”，汇集一部分和你一样“臭味相投”的人。所谓“物以类聚，人以群分”，不管吸引来的合作伙伴还是目标客户，“对味”才能让彼此的关系更加长久。

在这个过程中，首先你要抛弃传统的推销思维，不能一加完好友就给新朋友发广告，不要一转帖就求转发，不要一加入一个群就去发广告链接，那样只会惹人厌恶和戒备；其次，你需要具备消费者思维，想想你能够为你的朋友提供什么样的价值；最后，你应该有平台思维，将自己做成一个社交平台，让大家都能参与进来，直到关系深厚，才可以发展买卖关系。

（2）不要求转发

别人若喜欢你提供的内容，自然就会转发；如果别人不喜欢，强制要求别人转发就是一种关系绑架，即便关系很好，也不可过度消费这种关系。若确实需要别人转发，你也要注意平时多转发一些别人的内容，这样在要求别人帮忙时也会自然很多。你要知道，自己在微信上的每一个动作，实际上都映射了你自身的内心思维。

（3）增加关注的 4 个方法

★导入原有社交平台的粉丝。如 QQ、人人网、微博、开心网等；

★入群。入群之后，有选择性地加上一批新朋友，还要注意多花一些时间对这些新朋友进行关系优化；

★参加线下社交活动。在线下参加社交活动时，在自己名片上加上微信号，在现场与谈得来的朋友相互添加微信号。

★通过公众号宣传。

不管你采取哪种方式，都要做到坚持，这是最重要的一点。另外，也不要为了数量而疏略质量，不可过于泛滥地添加好友。

（4）获得关注后如何处理？

获得对方关注后，要尽快与之打招呼，比如握个手，或者做自我介绍等，这就像在线下交友时和对方握手、交换名片一样，是最基本的礼仪。需要注意的是，不要一上来就推销自己的产品，除非对方主动询问你。

（5）微信账号每天发什么？

★发生活，不发隐私。你总会有发掘生活之美以及热爱生活的一面，让别人看到并分享你的这一面，不过也要注意自己的隐私权。

★发工作，不发机密。在工作中，我们总能获得一些经验、体会与感悟，客户或同事也可能带给你有益的、积极的能量，你可以在微信上分享这些东西，不过不要发工作机密。

★发兴趣，不发炫耀。兴趣是我们最好的老师，也能帮助你找到很多志同道合的朋友，不过在谈及自己的兴趣时要避免有炫耀之嫌。

9．怎么在微信上卖货？

从某种意义上来说，其实微信并不是一个适合直接做生意、进行买卖的平台。熟人生意，本质上是朋友的捧场之举，不能称之为真正的生意，因而也无法成为一种商业模式。只有在一种情形之下，微电商才能做成一种商业模式，那就是直销。然而，在用微信做直销时，一个重要难题就是组织执行，而且需要一个系统来支撑。

（1）微信卖货前，你必须要具备的 5 种思维

★你销售的不只是货，更是你自己，因此，营销自己是一个至关重要的问题。

★不要过于沉迷或相信那些月收入过万、10 万的案例。

★产品与坚持是 1，其他都是 0。产品与坚持都是必需的。若没有 1，一切都只是 0；但是若只有 1，你也永远做不大，因此还需要其他。

★卖货不是终极目的。只有通过卖货打出口碑，形成长期合作，并将其转化为人脉，才能真正拥有未来。

★要保证买家汇出资金的安全感。

（2）微信卖货注意什么？

★发自己对产品的体验，你自己要先成为产品最大的体验者、意见领袖。如你卖的产品是法国红酒，那么你自己就应该是红酒的爱好者，而且对红酒有自己的鉴赏和品味。如果你自己都不懂红酒，也没有喝过红酒，又如何让消费者产生共鸣，并且信任你呢？

★发布与产品相关的文化或知识。你应该成为自己产品的首席培训官，建立起自己的培训体系，以便向消费者介绍你的产品或服务。

★做活动，形成娱乐效应。如联想曾做过一个“假如世界失去联想”微信营销，只要点赞就有可能中奖，赢取笔记本，最终吸引了不少参与者。

（3）**经营微电商的 4 种推广手段**

★故事营销。最简单的就是诉说自己的故事，或者系统地讲述与产品相关的故事。

★借势营销。在微信中流传甚广的每个热点消息、每一个段子，都可以成为你借鉴、利用的对象。

★活动营销。通过活动营销，让大家自发地进行转发，并点赞。

★体验营销。在线上聚集人气之后，再让消费者到线下体验产品。

（4）**微信卖货的 4 大禁忌**

★用假货忽悠人。若你所经营的就是仿货，一定要跟消费者说清楚货物状态。

★卖自己没有使用过的产品。想让朋友们相信你的产品，并为你代言，你首先要为自己代言。

★没有消费者意识。其实每个消费者背后都是一个庞大的交际圈子，不要忽视每一个消费者。

★纯广告卖货。微信并不是淘宝，它存立的基础还是社交，纯广告消费者在这里并不受欢迎。

10．发展自己的微信品牌

将自己当做一个真正的创业者，你的生意可以小，但是要拥有足够好的产品。让你的小店做到“麻雀虽小，五脏俱全”，不妨将其慢慢正规化，做成一番有自主品牌的事业。

微电商将要进入垂直微电商城时代，这就意味着：微信上不正当的经营方式，以及假货、掮客等都将被淘汰；微信品牌也会逐渐形成，并且构建一种前期汇集消费者需求、中期消费或是投资产品、后期服务分享的经营方式。

【商业案例】罗辑思维：一场卖月饼的游戏，一次自我进化的互联网商业实验

一年多以来，罗振宇曾经在多个场合提到罗辑思维要做月饼的事，至于到底为什么要做月饼，却成了一个秘密，谁都不知道。

卖月饼，变成了一场实验：探索在微信这一特定场景中的电商玩法，测试各种社交关系转化销售流量的极限边界，为将罗辑思维微信商城开放给罗辑思维会员免费使用做前期测试与探路。

1．解密：为什么死磕月饼 100 天？

（1）选择月饼这个商品的原因

★月饼是极少数天生具备广泛社交性的商品；

★近年来月饼的形象已经很差，而今年又必然是月饼市场特别低迷的一年，用这样毫无势能的商品来玩，能够最大程度上测试出玩法本身对销售的影响度；

★国家对月饼的食品监管力度是极为严格的，作为监管体系相当成熟的商品，食品安全风险最可控。

（2）实验步骤

6 月 3 日发起战略伙伴众筹；

6 月 9 日招募 200 位月饼合伙人；

6 月 14 日征集月饼设计包装；

7 月 18 日，“真爱月饼”在罗辑思维和顺丰优选官网同步启动预售；

7 月 18 日，单人代付功能上线；

7 月 21 日，小批量定制功能上线；

7 月 22 日，多人代付功能上线；

7 月 29 日，送礼功能上线；

7 月 30 日，关闭罗辑思维微信商城销售通道，转入顺丰优选官网销售；

8 月 8 日，“真爱月饼”开始向全国发货；

9 月 5 日，“真爱月饼”顺丰优选销售渠道关闭；

9 月 17 日，月饼合伙人收到项目分红。

（3）罗辑思维微信商城实验数据

实验时间：13 天（2014.07.18 ～ 2014.07.30）

参与人数：2698790

参与次数：8000972

月饼商品页面分享次数：1036059 次

完成的订单笔数：20271

总销售量：40038 盒，其中罗辑思维微信商城 23214 盒

罗辑思维目前拥有 256 万微信订阅用户、25000 名会员，日均活跃人次 30 万～ 40 万。在这样一个消费者众多、活跃度较高的社群环境中进行电商实验，可以给我们如下的启示。

2．连接

基于“失控”理论的去中心化是社群运行的基本模式。去中心化的要诀在于一个中心必须解构为并行运转的多中心，尽可能多地建立各中心之间的连接，把传统的金字塔结构、传送带结构变成网络化结构，彼此连接，协同进化。连

接类型越丰富、连接频次越高，社群活力就越强。

因此，在月饼实验一开始，就确定了一条主线：众筹众包——当人们共同为一件事付出心力、担当责任、完成任务的时候，参与感就会转化为自豪感。

在这次实验中，我们共发起过三次众筹任务。

众筹战略伙伴：互联网金融服务平台第一P2P和优质食品电商顺丰优选脱颖而出，成为实验中的基础设施搭建者。

众筹月饼合伙人：3000人报名，200人入选。每人10000元本金，使用周期3个月，年化收益率20%，即该理财产品最终每人收益为500元。罗辑思维为感谢自家会员的支持，额外发放特别红利500元，最后每位合伙人收益为1000元。

众筹设计师：158人提交作品，8人入围，最后罗辑思维忠实消费者——著名设计师、YAANG品牌创始人王杨，成为这次月饼包装设计的主设计师。

在最后呈现的月饼产品中，还悄悄植入两件连接神器。

月饼地图：我们对参与这次实验的全体月饼合伙人和众筹设计师发出了邀请，共有172人自愿登上地图。

"中国月饼很行"发行的节操币：它不仅是消费者与罗辑思维的连接神器，还成为了社群成员之间横向连接神器，例如每10张节操币可以获得和罗振宇喝咖啡的交流时间，而有的罗友已经在社群中用4张节操币交换到了另一个城市免费住宿的机会。

事实证明，被连接的可能性越高，势能就越高。

3. 关系

传统PC互联网以及传统电商的命门基于"搜索"，而微信电商则天然地基于“关系”，这是一个最好的特质，也是一个最坏的特质，这意味着传统流量神话的终结。

在月饼实验中，我们对“关系”替代“流量”的测试主要表现在以下两个方面。

（1）所有人与魅力人格体的关系

一个真实存在的人，经由漫长时间，在社群中形成了一个有独特定位的魅力人格体，对魅力人格体的认同、信任、内心的预设与一个纯粹的商业行为之间，究竟体现了怎样的承载和转化能力？

在月饼实验期间，罗辑思维微信公众号日均新增 7000 多位消费者，取消关注 2000 位左右，净增数 5000，与日常情况基本保持一致。由此证明，信任商业是真实存在的价值，信任转化交易并不是一道鸿沟，因为信任和交易都是人们主动的自主选择。在此期间，我们甚至还遇到了花自己钱为会员送月饼的土豪和支持罗辑实验的忠实消费者。

（2）所有人与所有人的关系

“搜索”不再是第一推动力，“推荐”“背书”作为新的销售推动力逐渐浮出水面。微信电商是一个纯粹的口碑生意，倘若不能启动熟人间的推荐和背书，业务模型就不成立。

在罗辑思维微信商城 13 天的预售期内，共有 11458 盒月饼是在罗辑思维微信商城中通过企业定制模式销售出去的。因为在微信上完成企业定制的流程是：首先需要个人预付一部分定金，确认后再通过线下对接、银行转账等方式完成总体支付。这并不符合大企业常规的采购制度和流程，经过我们的调查得知，这些订单基本都来自熟人推荐和口碑相传，有些老板本身就是罗辑思维会员，也有很多是员工发现罗辑思维卖月饼了，强力推荐给自己公司领导的。

4．击穿

微信电商的最大挑战是广场模式的破产，和垂直社群的兴起。每一个微信公众号和每个个人背后都是一个完全垂直的群体。群体与群体之间始终存在着一堵“看不见的隔热墙”，如何击穿这些纵向的壁垒、引爆市场？针对这个纬度的测试，罗辑思维和口袋通在月饼实验中着重设计了很多强化分享行为的环节。

（1）功能设计上突出社交功能：单人代付、多人代付、送礼模式多管齐下

“单人代付”指的是消费者下单但不付钱，需要通过微信分享给朋友，然后某个人来帮他完成付款。上线后，口袋通团队根据消费者反馈，又快速增加了“多人代付”的方式，即一个订单分享到微信之后可以每个人来付三块、五块，很快把订单金额凑齐，即一个迷你众筹。再后来又有消费者反馈想主动送人礼物，于是他们又增加了“送礼”的玩法，就是消费者自己下订单、完成支付，分享到微信后其他人输入个人地址来领月饼，把线下送月饼变成线上转发月饼。

（2）留言系统的个性化定制创造超多乐趣

在月饼下单购买的过程中，消费者会发现每进展一步，都会出现留言的机会。每个环节的留言都是可以个性化定制、由消费者自己填写完成的。例如多人代付成功之后，付款人可以定制自己的昵称和留言，“调戏”求月饼的人。“拼手气送礼”的玩法因为有随机概率，很多人可能会领不到月饼，这个时候他们也可以留下自己的吐槽。

罗辑思维自身只有250多万消费者，和30万～40万日活跃人次，但13天的月饼预售，店铺却产生了8000972次参与，那是因为由于众多分享环节鼓励人们转发到自己的社交关系中去，因此激发了六度空间效应，增加了人与人之间的交互和连接。

5．迭代

互联网时代的电商不再是“大鱼吃小鱼”，而是“快鱼吃慢鱼”，快是基本功，而基于罗辑思维订阅号每天一推的模式，刺激“新鲜感”的快速迭代是让产品一直处于浪潮之巅的法宝。

坦率来讲，月饼预售初期的单人代付功能并没有很好地激发消费者分享，没有特别好的实现击穿朋友圈的目标。为了改变这个现状，两个团队在极短时间内上线了“多人代付”的功能。口袋通团队保障了产品的快速迭代，罗辑思维的小伙伴们则根据不同玩法以最快速和巧妙的方式引导消费者迅速玩起来。13 天，共发布 16 篇内容各异的引导文案、3 种全新功能和无数个可以自由玩耍的环节。换姿势，很重要。

从“向一个人撒娇要月饼”“向多个人逗趣要月饼”到“送月饼”，每一个环节都需要社交属性的衔接，这不仅考验社群活跃度，更考验口袋通产品和罗辑思维运营团队快速改进产品的能力。

罗辑思维“真爱月饼”的启动，就像一枚骰子，一旦掷出去了，我们其实并不一定能猜到接下来会发生什么。传统企业是基于控制模式，过度注重自身计划，最终被计划所绑架，压制新想法、忽略消费者反馈，试图用确定性来对抗事实上的不确定性，最终沦为自 high。然而进入互联网时代，人人都必须基于进化模式，所有预案都无法追求，因此也不必做到高度精确，而是坦然接受一切不确定性和非计划性，保持组织的灵活度，及时调整姿势才是关键。

这个时代，唯一确定的，就是不确定性；一切非正常，都是正常。

6．游戏

微信电商的销量一定不会来源于某个中心化推荐或广告入口，而依赖于消费者在碎片化社交行为中不经意的分享和传播。让销售过程变得自然、有趣、真实，提升消费者参与感就变得至关重要。

先给大家看几个例子。

（1）推出“月饼节操榜”。节操王可以在农历八月十六和罗振宇晒月亮。根据每天不同时段的月饼销售情况随时更新榜单数据，这个类似于传统游戏排名的玩法也的确吸引到很多人的关注，提升了消费者黏性。

（2）增加连接神器“节操币”。社群成员之间可以用这种方式彼此连接，集齐 10 张也可以召唤罗振宇。

（3）在多人代付中付款者头像随机生成，口袋通的小伙伴在储备的一百多个头像中也植入了两个团队成员的头像，很有可能给你留言的那个人就拥有罗振宇头像，增加了彩蛋。

（4）个性化的昵称和留言让消费者有更多发挥的空间，提升了参与感。

如何让一个产品销售过程产生游戏体验呢？简单来说，要遵循两个原则。

（1）整体调性应当来源于日常真实情绪，对情绪进行极致化体现，在月饼项目中是把恶搞、暧昧这种熟人社交关系中常见情绪提炼出来，增加了游戏感。

（2）游戏感的设计是适用于人与人之间的，必须天然就具有交互场景，还可以用彩蛋模式增加惊喜感。